Über die Autoren:
Friederike Kohl und Johannes Engelke haben während der Recherche zu diesem Buch zusammen fast alle Bart-Arten durchgetestet, über 879 Bartträger auf der Straße angesprochen und 27 Männerzeitschriften abonniert. Sie haben gelernt, Haare zu flechten und Bart-Öl selbst herzustellen, waren auf Bärenjagd und haben Chuck Norris interviewt. Das Ergebnis ihrer Forschung ist eindeutig: Ein Leben ohne Bart ist möglich, aber sinnlos.

Über die Illustratorin:
Miriam Frank, geboren 1985, ist studierte Kommunikationsdesignerin (M. A.). Derzeit arbeitet sie als Tätowiererin und Illustratorin in München. Ungetiere mit Bärten und roten Backen sind eines ihrer Lieblingsmotive. Dabei sucht sie die ständige Abwechslung, ist an neuen Projekten, Oberflächen und Umsetzungsformen ihrer Illustrationen interessiert.

Mehr Infos unter: www.miriamfrank.de

Johannes Engelke und Friederike Kohl

BART

ABER HERZLICH

EINE LIEBESERKLÄRUNG

Mit Illustrationen
von Miriam Frank

KNAUR✹

Besuchen Sie uns im Internet:
www.knaur.de

Originalausgabe November 2014
Knaur Taschenbuch
Copyright © 2014 Knaur Taschenbuch
Ein Unternehmen der Droemerschen Verlagsanstalt
Th. Knaur Nachf. GmbH & Co. KG, München.
Alle Rechte vorbehalten. Das Werk darf – auch teilweise –
nur mit Genehmigung des Verlags wiedergegeben werden.
Covergestaltung: ZERO Werbeagentur, München
Coverabbildung: FinePic®, München
Satz: Daniela Schulz, Puchheim
Druck und Bindung: GGP Media GmbH, Pößneck
ISBN 978-3-426-78710-6

2   4   5   3   1

KAPITELVERZEICHNIS

VORWORT

Bärte, so weit das Auge reicht. Ob Permanent-Dreitagebart, ironischer Hipster-Schnauzer, Retro-Koteletten oder Holzfäller-Vollbart – wohin man auch blickt, tragen Männer stolz ihre Gesichtsbehaarung zur Schau. Es gibt Schätzungen, dass sich zwei Drittel aller Männer nicht täglich rasieren. Hersteller von Rasierklingen verzeichnen wegen des neuen Hangs zur haarigen Männlichkeit große Umsatzeinbußen, und der Trend geht sogar zu Barthaartransplantationen. Der einzige Bart, der gar nicht geht, ist der Nicht-Bart.

Spätestens als man mit Vollbart die Tagesthemen moderieren konnte wie Ingo Zamperoni oder BILD-Redaktionssitzungen leiten wie Kai Diekmann, war der Bart endgültig im Mainstream angekommen. Man könnte geradezu meinen, Bärte seien spießig.

Allerdings werden Männer immer mutiger und probieren die kreativsten Bart-Arten aus. Wird da etwa Größeres ausgefochten als der persönliche Geschmack? Muss man seine Männlichkeit beweisen, indem man sie offen im Gesicht trägt? Man denke nur an die hohe Konzentration von Bärten in urbaner Umgebung. Wo ganze Cafés mit Vollbartträgern gefüllt werden können, die aussehen, als kämen sie gerade von der Bärenjagd, kann oft kein Einziger ohne Feuerzeug ein Feuer machen.

Einige unken bereits vom »Peak Beard«, dem Bart-Gipfel. Wenn zu viele Menschen dem Trend folgen, einen Bart zu tragen, wird es plötzlich populärer, keinen Bart mehr zu tragen, um dadurch mehr aufzufallen. Alternativ kann man sich natürlich auch einfach immer für eine noch wildere, mutigere Bart-Variante entscheiden. Oder man pfeift auf Popularität und steht zu seinem Bart.

In diesem Sinne:

Werft eure Rasierer weg, kauft euch eine Axt und viele Karohemden und zieht in die kanadische Wildnis! Oder lasst euch zumindest den dazu passenden Bart gut zu Gesicht stehen – den Unterschied zwischen Mann und Mädchen. Man sieht die Welt anders, durch einen Bart betrachtet.

HOMO BARBATUS: DIE EVOLUTION DES BARTES

Kommt Zeit, kommt Bart.

Es gibt große Menschheitsfragen, die schon seit Jahrhunderten Dichter und Denker beschäftigen: Was ist der Sinn des Lebens? Gibt es einen Gott? Und: Warum wachsen Männern Bärte?

Tatsächlich ist der Bart als *sekundäres* Geschlechtsmerkmal nicht fortpflanzungsrelevant. Die Frage nach seiner Existenzberechtigung darf man also durchaus stellen. Gleichzeitig ist der Mensch aber im Vergleich zu allen anderen Primaten auffällig unauffällig behaart. Müsste man da also nicht viel eher fragen: Warum haben nicht alle Menschen Bart? Oder gar Fell?

Eine Antwort lautet: Sex. Man passt sich ja zum Überleben nicht nur an seine Umgebung an, sondern gezwungermaßen auch an den vorherrschenden Geschmack. Weniger Körperhaar bei Männern kam wohl also irgendwann schlicht in Mode. Und noch weniger Haar bei Frauen. Warum jetzt genau welche Haarmenge und -verteilung am attraktivsten gilt, weiß man allerdings nicht.

Eine beliebte Methode, den Haarrückgang zu analysieren, geht über das Studium der Entwicklung verschiedener Läusearten.

Auch vom praktischen Standpunkt aus gibt es plausible Erklärungen sowohl für den Rückzug des Ganzkörperfells als auch für die haarigen Stellen, die uns verblieben sind: Als die Menschen aufrecht den Wald verließen, wurde ihnen wohl schlicht zu warm unter ihrem Pelz. Je nach Klimazone verlief diese Anpassung unterschiedlich – weshalb auch Männer in manchen Regionen mit wesentlich schwächerem Bartwuchs gestraft sind. Keine Haare sind aber auch keine Lösung: Auf dem Kopf halten sie uns im Winter warm und schützen im Sommer vor zu viel Sonnenbestrahlung. Wimpern dienen als Sensoren für Verletzungen und lassen bei Gefahr schnell das Augenlid schließen. Und Haare im Achsel- und Schambereich sollen vor Reibung schützen. Aber was ist der Zweck des Barts?

Der Bart: Alleskönner unter den Körperhaaren

Wahre Männer brauchen keinen Grund für einen Bart. Alle anderen finden hier die wichtigsten Vorteile.

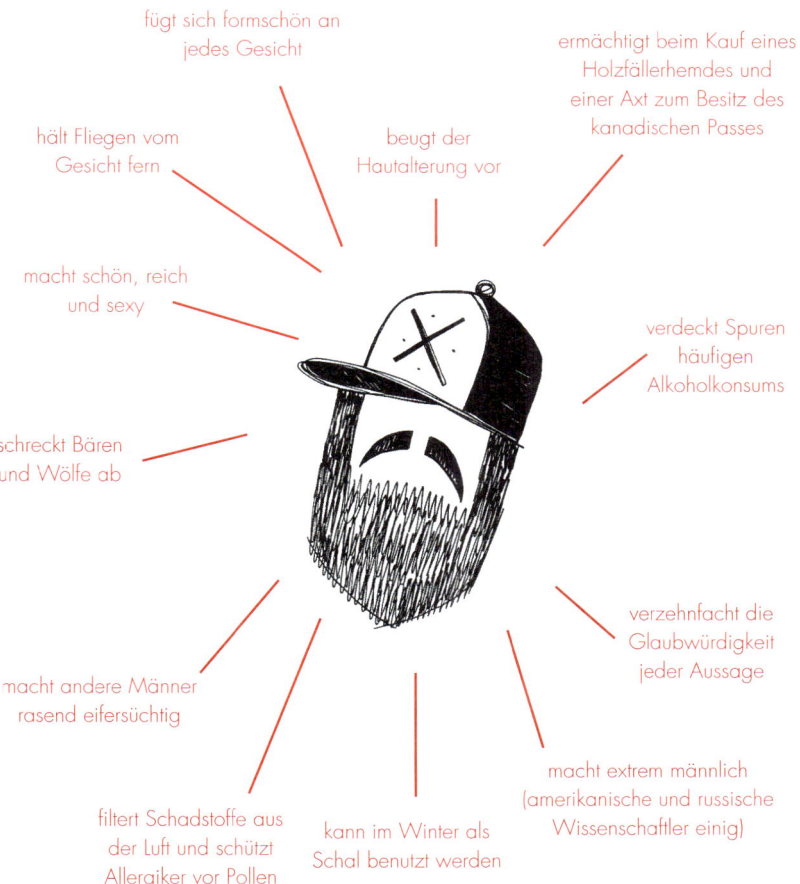

fügt sich formschön an jedes Gesicht

ermächtigt beim Kauf eines Holzfällerhemdes und einer Axt zum Besitz des kanadischen Passes

hält Fliegen vom Gesicht fern

beugt der Hautalterung vor

macht schön, reich und sexy

verdeckt Spuren häufigen Alkoholkonsums

schreckt Bären und Wölfe ab

verzehnfacht die Glaubwürdigkeit jeder Aussage

macht andere Männer rasend eifersüchtig

macht extrem männlich (amerikanische und russische Wissenschaftler einig)

filtert Schadstoffe aus der Luft und schützt Allergiker vor Pollen

kann im Winter als Schal benutzt werden

Aber mal im Ernst …

Tatsächlich gehen Wissenschaftler von folgenden Erklärungen aus:

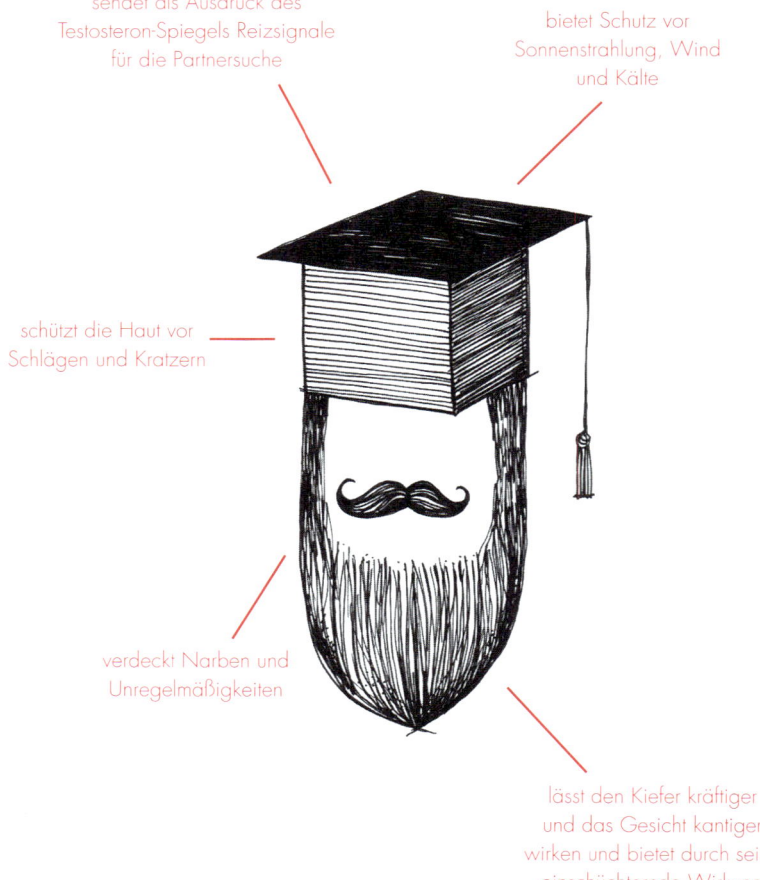

sendet als Ausdruck des
Testosteron-Spiegels Reizsignale
für die Partnersuche

bietet Schutz vor
Sonnenstrahlung, Wind
und Kälte

schützt die Haut vor
Schlägen und Kratzern

verdeckt Narben und
Unregelmäßigkeiten

lässt den Kiefer kräftiger
und das Gesicht kantiger
wirken und bietet durch seine
einschüchternde Wirkung
einen Kampfvorteil

Die Entwicklung eines Bartes kann unterschiedlich schnell
vor sich gehen. Üblicherweise setzt der Bartwuchs mit der
Pubertät ein. Erst zart als Flaum, dann immer stärker. Normalerweise in der Reihenfolge Ober-
lippe – Koteletten – Kinn – Wangen.
Bevor Mann mit einem prächtigen
Vollbart aufwarten kann, muss also
zuerst die Milchbart-Phase über-
wunden werden. Die Stärke des
Wachstums hängt dabei vor allem
von der genetischen Veranlagung
ab. Außerdem spielt der Pegel
des männlichen Sexualhormons
Dihydrotestosteron eine Rolle.
Ironischerweise ist dies nicht
nur für den Bartwuchs, sondern
auch für die Glatzenbildung
zuständig.

Männer, denen bis Mitte zwanzig noch kein
Bart gewachsen ist, können hoffen: Mit steigendem Alter und
Hormonlevel nehmen Stärke und Geschwindigkeit des Bart-
wuchses zu.

Ebenfalls kann die sexuelle Aktivität eines Mannes seinen
Bartwuchs beeinflussen. Ein Wissenschaftler, dessen Bericht
bereits Anfang der siebziger Jahre in einem britischen Wis-
senschaftsjournal veröffentlich wurde, kam diesem Phäno-
men eher zufällig auf die Spur. Für seine Forschung lebte er,
abgesehen von regelmäßigen Besuchen bei seiner Freundin,
über einen längeren Zeitraum komplett abgeschottet auf
einer einsamen Insel. Bald fiel ihm auf, dass sein Bart an den

Wochenenden, wenn er auf Heimatbesuch war, stärker wuchs als in seinem Insel-Exil. Ja, bereits die Aussicht auf Sex schien seinem Bartwuchs im Vorfeld dieser Reisen einen Schub zu verleihen.

Als Wissenschaftler wollte der Mann es natürlich genau wissen und überprüfte seinen Eindruck mit einer hochempfindlichen Waage: Das präzise Abwiegen seiner Stoppeln in genau festgelegten Abständen konnte den Unterschied zwischen sexuell aktiven und ereignislosen Tagen deutlich belegen. Zur Überprüfung des Ergebnisses experimentierte der Mann mit einem speziellen Hormondrink herum – und tatsächlich wuchsen dann seine Barthaare auch an sexlosen Tagen so schnell wie bei Besuchen auf dem Festland.

DER BART UND DIE WELT–
EINE KLEINE KULTURGESCHICHTE DES BARTES

Andre Zeiten, andre Bärte.

Teil eins:
Die bärtige Antike

Der Stamm der Langobarden verdankt seiner Haarpracht wohl seinen Namen: die *Langbärte*.

Männern des germanischen Stamms der Chatten war es Tacitus zufolge verboten, sich zu rasieren, bevor sie nicht ihren ersten Gegner getötet hatten.

Alexander der Große befahl seinen Soldaten, sich zu rasieren, damit sie beim Kampf nicht am Bart gepackt werden konnten. (Angeblich aber vor allem, weil ihm selbst kein richtiger Bart wuchs.)

In Sparta galt Feigheit offiziell als Verbrechen. Die Strafe? Rasur!

Wenn fast allen Männern von Natur aus Haare im Gesicht wachsen, fragt man sich natürlich: Warum nur tragen manche Männer keinen Bart? Tja, nichts ist beständiger als der Wandel. Der Bart war abwechselnd der letzte Schrei und hoffnungslos out. Am einen Tag noch das liebste Accessoire eines jeden Mannes, galt er am nächsten als bäuerlich, rückständig und unkultiviert. Sobald die Entscheidung für oder gegen eine Rasur nicht mehr rein von der Verfügbarkeit von fließendem Wasser und dem Hygienestandard abhing, diente der Bart zudem als Ausdruck religiöser, politischer oder ideologischer Gesinnung.

Das Renommee der Antike in der heutigen Zeit verdankt sich vor allem ihrem Ruf als Blütezeit der Bartmode. Erstmals wurde das Tragen eines Bartes zum exklusiven Privileg: Zuvor noch Standard, wurde er nun in vielen Kulturen zum Zeichen von Würde, Weisheit und Alter, ein Statussymbol, das Göttern, Philosophen und Herrschern vorbehalten war. Niedere dagegen wurden oft zur Rasur gezwungen.

Für junge Männer erhielt der erste Bartwuchs große Bedeutung als Zeitpunkt der Aufnahme in die Gesellschaft der Erwachsenen. Im alten Rom zum Beispiel wurde die erste Rasur mit einem großen Fest gefeiert.

Im römischen Götterhimmel war der Bart den Ältesten und Mächtigsten vorbehalten. Selbst die meisten Cäsaren waren rasiert, bis Hadrian dem durch Mut zum Bart ein Ende setzte. Zu der Zeit war das alte Griechenland in Rom en vogue, was den Bart-Trend beförderte. Hadrian selbst wollte wohl aber hauptsächlich sein narbiges Gesicht verdecken.

Der römische Herrscher Gaius Julius Cäsar (100 bis 44 v. Chr.) ließ sich seine Barthaare einzeln mit einer Pinzette entfernen. Man sagt, Cäsar habe außerdem sehr dünnes Haar gehabt – und trug auch darum so gerne seinen Lorbeerkranz.

Die alten Griechen glaubten, wenn man den Bart eines anderen berührte, während man ihn um einen Gefallen bat, würde er einem stattgeben müssen. Daher kommt der Ausdruck »jemandem um den Bart gehen«.

Den Sklaven wurden die Köpfe (und Bärte) rasiert, um sie von den Freien zu unterscheiden. (Ähnlich auch später in Bayern, wo ursprünglich Kriminelle als »G'scherte« beschimpft wurden.)

Teil zwei:
Die Bartgeschichte vom Mittelalter zur Neuzeit

5. Jh.

Der Untergang Roms – ein harter Schlag für die Römer, vorerst aber kein Grund zur Sorge für überzeugte Bartträger. Dem bärtigen Alarich I., Anführer der Goten, gelang im 5. Jahrhundert die erste Plünderung Roms seit 800 Jahren, und auf die maßvolle, oft wankelmütige Einstellung der Römer zum Thema Bart folgte die wilde, ungedrosselte Haarigkeit der Merowingerzeit.

Hier galt: ohne Bart kein König! Wollte man einen Angehörigen des Königshauses aus der Thronfolge verstoßen, schor man ihm einfach die königliche Haarpracht ab.

10. Jh.

Nach diesem vielversprechenden Auftakt entwickelte sich das Mittelalter jedoch für Bartträger zu einer dunklen Zeit: Auch wenn es Einzelne gab, die rühmlich an ihrer Gesichtsbehaarung festhielten – wie Otto den Großen, der sogar bei seinem Barte zu schwören pflegte –, führten Bärte bis zum 15. Jahrhundert eher ein Schattendasein. Höchstens kleinere, gepflegte Varianten waren in Mode, die Rasur allgegenwärtig – woran vor allem die Mönche Anstoß nahmen, die auf die Bartlosigkeit ursprünglich eine Art Monopol besaßen.

Die Trennung der christlichen Ost- und Westkirche findet im Bart ihren optischen Ausdruck: Nur im Westen fiel der Klerus komplett vom Bart ab. Im Osten gilt bis heute: je orthodoxer, desto bärtiger.

Schwierig für Bartforscher: Gerade vor der Erfindung der Fotografie basierte die Darstellung großer Persönlichkeiten oft nur sehr lose auf dem wirklichen Aussehen. Da war vielleicht das ein oder andere Mal auch der Wunsch nach Würde und Macht Vater des Bartes. So wurde beispielsweise Otto III. angeblich bereits im Alter von drei Jahren auf seinem Siegel mit Vollbart abgebildet. Und Karl der Große, der dargestellt wird, als habe er nicht nur Gottes Allmacht, sondern auch dessen Bart geerbt, war in Wirklichkeit wohl eher unbehaart.

Friedrich I., Kaiser des Heiligen Römischen Reiches im 12. Jahrhundert, verdankt seine andauernde Berühmtheit zu einem großen Teil seinem Markenzeichen: Die Italiener tauften ihn Barbarossa, den Rotbart. Laut einer Sage wächst sein Bart noch heute, über 800 Jahre nach seinem Tod, weiter. Mitsamt seinen Getreuen soll der Kaiser in einer Höhle im Kyffhäusergebirge in tiefem Schlaf liegen. Dort ruht er, so die Erzählung, an einem runden Tisch, den sein Bart seit seinem Tode bereits zwei Mal umrundet hat. Sollte er es ein drittes Mal schaffen, beginnt das Ende der Welt.

Renaissance, Wiedergeburt: Endlich wurde der Bart in Europa wieder heimisch. Man besann sich auf die Antike und ließ die düsteren Zeiten hinter sich. Papst Julius II. trug Bart, als erster Papst seit langem. Mehrere große Könige folgten ihm nach: Franz I. von Frankreich, Heinrich VIII. von England. Wir erinnern uns an den Geschichtsunterricht: Nicht weniger als acht Frauen erlagen seinem Bart! Und Eberhard I. von Württemberg wird noch heute besungen als »der mit dem Barte«. Damit setzten die Herrscher natürlich auch Trends im Volke.

Insgesamt bildeten sich immer mehr individuelle Bartstile heraus. Der Look Heinrichs IV. von Frankreich war so populär, dass er heute noch seinen Namen trägt: Henriquatre.

16. Jh.

17. Jh.

Doch schon im 17. Jahrhundert hatte die Bartbewegung wieder herbe Rückschläge zu verkraften: Ludwig XIV., der Sonnenkönig, trug lieber Perücke als Bart. Und schon war weniger Bart wieder mehr. Den Blick gen Westen gewandt, empfand dann auch Peter der Große von Russland die vielen

Bärte in seinem Reich als unmodern – und ließ sie ab 1698 schlichtweg verbieten. Wollte man seinen Bart behalten, musste man sich durch Zahlen einer »Bartsteuer« von der Rasur befreien lassen. Als Quittung erhielt man eine Steuermedaille. Wer keine solche Kupfermedaille vorweisen konnte und mit Bart erwischt wurde, dem konnte es passieren, dass er auf offener Straße zwangsrasiert wurde.

Friede den Bärten, Krieg den Palästen!

Erst das 19. Jahrhundert kann wieder als Höhepunkt der Bartgeschichte bezeichnet werden. Der Bart war nun nicht mehr bloßes Modeaccessoire oder Statussymbol: In der politisch aufgeladenen Zeit rund um die Revolutionen von 1830 und 1848 etablierte er sich als Ausdrucksform politischer Gesinnung. Mancherorts sah sich die Obrigkeit gar gezwungen, die sogenannten Demokratenbärte zu verbieten.

Bald eigneten sich Politiker und Staatsoberhäupter rund um die Welt eigene Bärte an, um ihre Nähe zum Volk zu demonstrieren – und machten den Bart damit auch bei loyalen Untertanen wieder zum Trend.

Die illustre Liste der bärtigen Zeitgenossen dieser Epoche umfasst darum so unterschiedliche Persönlichkeiten wie »Bürgerkönig« Louis-Philippe und seinen Nachfolger Napoleon III. von Frankreich, Kaiser Franz Joseph I. von Österreich, Karl Marx und Friedrich Engels.

Auf der anderen Seite des Atlantiks machte Präsident Abraham Lincoln im 19. Jahrhundert den Bart in Amerika populär. Eine Anekdote besagt, dass er sich einen Bart stehen ließ, weil ein kleines Mädchen ihm in einem Brief geschrieben hatte, damit sähe er bestimmt besser aus.

19. Jh.

Diesem Ausmaß an internationaler Popularität wollte dann auch die Wissenschaft gerecht werden: Ärzte rieten vermehrt zum Tragen des Bartes, dem sie – besonders aufgrund der zunehmenden Luftverschmutzung im Zuge der Industrialisierung – als Abwehrmittel gesundheitsfördernde Wirkung zuschrieben.

Doch jede Blüte hat ein Ende. Um die Jahrhundertwende erfand King Camp Gillette den Einwegrasierer. Sein klügster Geschäftszug: ein Exklusivvertrag mit der US-amerikanischen Armee. Der Erste Weltkrieg sicherte seinen Erfolg, denn das Tragen von Gasmasken erforderte glatte Wangen. Unrasierten Soldaten drohte Tod durch Vergiftung – das Ende des bärtigen Kriegers.

Galt der Schnurrbart für einige Zeit noch als legitimer Kompromiss, machten ihn spätestens Hitler und Stalin untragbar.

Stimmigerweise war es dann auch der Kampf für den Weltfrieden, der den Bart in den sechziger Jahren wieder auf Straßen und Wiesen brachte. Die Generation der 68er ließ sich als Zeichen ihres Nonkonformismus lange Bärte und Haare wachsen. Dem trägt auch heute noch das berühmteste Musical über die Blumenkinderbewegung Rechnung, die Ode an die Jesusfrisur: *Hair*. Bald galt: je linker der Mann, desto länger der Bart.

Die Bundesrepublik Deutschland hatte noch nie einen bärtigen Bundeskanzler.

Eine kurze deutsche Geschichte in Bärten

Glanz und Elend: Preußen im Zeichen des Bartes

Wilhelm I.
(1797–1888)
Der erste deutsche Kaiser

Friedrich III.
(1831–1888)
Der 99-Tage-Kaiser

Wilhelm II.
(1859–1941)
Der letzte deutsche Kaiser

Ein
Schnurrbart
à la Wilhelm II.
war ein Symbol der
Kaisertreue. Um die Form
der gezwirbelten Enden zu
erhalten, durften Träger dieses Bartes
des Nachts nicht ohne schützende Bartbinde
zu Bett gehen.

Vom kaiserlichen zum republikanischen Bart

Otto von Bismarck
(1815–1898)
Erster Reichskanzler des
Deutschen Reiches

Friedrich Ebert
(1871–1925)
Erster Reichspräsident der
Weimarer Republik

Paul von Hindenburg
(1847–1934)
Zweiter Reichspräsident
der Weimarer Republik

Die B'Artgenossen der klassischen Linken

Karl Marx
(1818–1883)
Philosoph und Ökonom

Friedrich Engels
(1820–1895)
Philosoph und Revolutionär

Zeig mir deinen Bart, Genosse!

Wladimir Iljitsch Lenin
(1870–1924)
Revolutionär und Politiker

Josef Stalin
(1878–1953)
Diktator

Beim Barte des Propheten

Alle Priester großer Weltreligionen tragen Bärte …
na gut, fast alle.

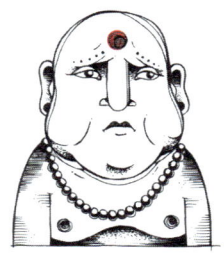

Von gläubigen Moslems über Hindus, Juden, Christen und Sikhs bis hin zu den Rastafaris – sie alle lassen sich Kopf- und Barthaar wachsen zum Zeichen ihrer Religiosität. Oft symbolisieren Bärte in diesem Kontext auch Verzicht. Besonders im Islam und Judentum stehen Bärte für den Status als verantwortliches erwachsenes Mitglied einer Gemeinde, dem man gerecht werden muss – und sie sind ein Zeichen, dass man selbst zu respektieren ist.

Natürlich spielt auch die Ausrichtung nach den Religionsgründern eine Rolle: Im Islam galten Haare aus dem »Barte des Propheten« schon bald nach Mohammeds Tod als wichtige Reliquie. Jesus musste sich die Stellung als bärtiges Vorbild erst post mortem erkämpfen: Nach seinem Tod wurde er in der Regel glatt rasiert abgebildet – das wurde dann aber nach nur wenigen Jahrhunderten als Irrtum anerkannt und korrigiert.

Im Namen des Vaters, des Sohnes und des heiligen Bartes

Eins eint alle religiösen Bartträger: Es gibt strenge Vorgaben!

Im Alten Testament zum Beispiel gibt es gleich zwei Gebote, die besagen, dass Priester und Gläubige ihre Bärte nicht stutzen sollen: Levitikus 19,27 und Levitikus 21,5.

Orthodoxe Juden tragen lange Vollbärte, die sie keinesfalls mit der Schere schneiden dürfen. Verlieren sie einen Verwandten ersten Grades, ist es ihnen in den 30 Trauertagen nach dem Todesfall nicht erlaubt, sich zu rasieren.

Bei den Amischen gilt der Bart quasi als Ehering: Männer dürfen sich erst ab der Hochzeit einen Vollbart wachsen lassen, danach wird er dann aber auch nie wieder abrasiert. Schnurrbärte sind allerdings tabu, sie erinnern zu sehr ans Militär.

Shivaitische Sadhus tragen nicht nur Bart, um ihre asketische Lebensweise zu untermauern, sondern weil ihnen schlicht keinerlei Besitz erlaubt ist – also eben auch kein Rasierer.

Bar(t) jeder Vernunft

Wo der Bart eine so herausragende Rolle spielt, eröffnet sich dem kreativen Feind natürlich eine ganz neue Angriffsfront. Schlägerei? Folter? Kreuzigung? – Pah, Rasur! Schon im Alten Testament wird König David der Bart zur Hälfte abgeschoren, um ihn zu kränken. Im orthodoxen Judentum entspricht bereits das Berühren des Bartes durch eine unbekannte Frau einer schweren, kaum wiedergutzumachenden Schmach für den Träger.

Und bei den Amischen wurde 2013 ein Religionsführer von einem Gericht des US-Bundesstaates Ohio zu 15 Jahren Haft verurteilt, weil er und seine Anhänger rivalisierenden Glaubensbrüdern gewaltsam Bärte und Haare abgeschnitten hatten.

BERÜHMTE MÄNNER
BERÜHMTER BÄRTE

Ein Mann, ein Bart.

Nicht ohne meinen Bart!

Intelligenz, Macht, Charisma – so grandios diese Eigenschaften auch sein mögen, ob Männer zu Ikonen werden, bestimmt etwas anderes. Der Bart macht den Mann! Nicht vorstellbar, was aus manchen Größen der Vergangenheit geworden wäre, hätten sie leichtsinnig zum Rasierer gegriffen.

- Chuck Norris wurde mit Bart geboren (und darunter steckt eine dritte Faust).

- Von allen sieben Zwergen bei Disneys Schneewittchen hat nur einer *keinen* Bart, und das ist »Dopey« (was auf Deutsch so viel heißt wie »bekloppt«).

- Super Mario, eigentlich ein einfacher Klempner, besiegt mit dem richtigen Bart auch den stärksten Endgegner.

Es gilt also: Der Bart veredelt den Mann und nicht umgekehrt. Im Folgenden haben wir die wichtigsten berühmten Bärte (und ihre Träger) versammelt.

Vater und Sohn

Im Anfang war der Bart.

Der wichtigste Bart der Kindheit

Opulent, weiß und dicht – damit ist nicht Opas, sondern der Weihnachtsbart gemeint. Ohne ihn wäre der 24. Dezember ein Tag wie jeder andere. Der Bart des Weihnachtsmannes ist das Sinnbild für die geheimnisvolle Bescherung, die Kindern an Heiligabend zuteilwird, und Teil der besonderen Magie dieses Fests. Als Sinterklaas, Father Christmas und Père Noël ist der Weihnachtsmann eine der wichtigsten Größen auf dem internationalen Bartträgerparkett.

Natürlich sagen manche, der Weihnachtsmann sei bloß eine Erfindung des modernen Kapitalismus. Die Kombination Bart und Geschenke hat aber bereits seit dem 4. Jahrhundert Tradition und geht auf den Bischof Nikolaus von Myra zurück, dessen wir noch heute am 6. Dezember gedenken.

Bärtige Dichter und Denker

Bärte haben in der Philosophie Tradition. Schon Diogenes fragte Männer ohne Bart gerne, ob sie denn in ihrer Sexualität gefestigt seien. Und der griechische Stoiker Epiktet antwortete Römern, die ihn zur Rasur zwingen wollten, er würde sich selbst dann nicht rasieren, wenn man ihm androhte, ihn zu köpfen.

Beim Barte des Propheten

Sokrates
(469–399 v. Chr.)

Platon
(428–348 v. Chr.)

Aristoteles
(384–322 v. Chr.)

Wie sein Lehrer Sokrates vor ihm und sein Schüler Aristoteles nach ihm wird auch Platon immer mit Bart abgebildet. Alle drei lagen damit im antiken Griechenland voll im Trend. Und die Liebe zu ihren Bärten hatte rein gar nichts Platonisches an sich.

Arthur Schopenhauer
Philosoph
(1788–1860)

Im Gegensatz zu seinem Lehrmeister Kant trug Schopenhauer nach einer jugendlichen Findungsphase einen stolzen Bart. Vielleicht als Hommage an Platon, sein anderes großes Vorbild? Den Grund für Schopenhauers klare Position in Sachen Bartmode erahnen Kenner seines folgenden Zitates:

»Der Bart als Geschlechtszeichen mitten im Gesicht ist obszön. Daher gefällt er den Weibern.«

Friedrich Nietzsche
Philosoph und Philologe
(1844–1900)

Wer sich als scharfer Kritiker von Moral, Religion und Richard Wagner positionieren möchte, wird ohne Bart schwerlich ernst genommen. Einen Vollbart lehnte Nietzsche allerdings vehement ab – seinen berühmtesten Träger, Gott, erklärte er schlicht für tot.

»Ohne Bart wäre das Leben ein Irrtum.«
(Frei nach Nietzsche)

Sigmund Freud
Neurologe, Psychologe und Kulturtheoretiker
(1856–1939)

Sigmund Freud meinte, unsere Kultur sei grundsätzlich auf der Unterdrückung unserer Triebe aufgebaut. Seinem Bart-Trieb jedoch hat der Vater der Psychoanalyse stattgegeben. Das wirft natürlich zwangsläufig einige Fragen auf:

- Was sagt ein Bart über das Unterbewusstsein seines Mannes aus?
- Wie ist das Verhältnis des Bartes zu seinem Träger?
- Wie ist es bei Frauen um den Bart-Neid bestellt?
- Und: Hat der Bart Gefühle?

Albert Einstein
Theoretischer Physiker
(1879–1955)

Wer weiß, ob Einstein für seine Entdeckungen so berühmt geworden wäre ohne seinen Bart – ja, ob er sie überhaupt gemacht hätte! Es ist ja bekannt, dass viele Männer erst durch Streicheln ihres Bartes zu geistigen Höchstleistungen fähig sind. Einstein ohne Bart also? Möglicherweise nur ein netter Spinner.

*»Holzhacken ist deshalb so beliebt, weil man
bei dieser Tätigkeit den Erfolg sofort sieht.«*

Remember, remember the Fifth of November!

Als Guy Fawkes (1570–1606) mit 16 Jahren zum Katholizismus übertrat, ahnte er nicht, welcher gesellschaftlichen Verachtung und Verfolgung er sich damit aussetzte. Als Protest gegen die Unterdrückung seines Glaubens organisierte der Offizier 1605 eine Verschwörung und versuchte mit Hilfe von 36 Fässern Schwarzpulver das Parlament im Palast von Westminster zu sprengen, inklusive des englischen Königs Jakob I.

Die Fässer im Parlamentskeller wurden jedoch entdeckt, und das Attentat konnte verhindert werden. Die Verschwörer wurden durch Hängen, Ausweiden und Vierteilen hingerichtet.

Die Vereitelung des Attentats am 5. November wird bis heute als »Bonfire Night« gefeiert. Heute sagt man im Spaß, Guy Fawkes sei der einzige Mensch gewesen, der das englische Parlament mit ehrlichen Absichten betreten habe.

Dass man den Engländer heute noch kennt, liegt auch daran, dass er zum Gesicht der Revolte stilisiert wurde: Protestbewegungen wie »Occupy Wallstreet« sowie das Internetkollektiv Anonymous stellen sich gerne mit Guy-Fawkes-Masken zur Schau.

¡Viva la rebarbación!

Fidel Castro
Politiker und Revolutionär
(*1926)

Auch in der Karibik gilt: kein Revoluzzer ohne Revoluzzer-bart. Es war also nur eine Frage der Zeit, bis die Amerikaner auf ihrem Streifzug gegen die Ausweitung des Kommunismus Fidels Gesichtsbehaarung ins Visier nahmen. Eine der vielen Ideen der CIA, den Sturz Castros herbeizuführen, soll tat-sächlich gewesen sein, dem *Comandante* mit Hilfe von Che-mikalien an den Bart zu gehen. Auf diese Weise wollte man ihm Autorität und Ansehen nehmen.

Zu Castros Glück wurde dieses Vorhaben nie umgesetzt, und Fidel-Statuen auf ganz Kuba werden in alle Ewigkeit Bart tragen. Völker, hört die Signale, Bartträger aller Länder, vereinigt euch!

All you need is hair

John Lennon
Musiker
(1940–1980)

John Lennons Wandel vom glattrasierten Pilzkopf zum bärtigen Musik-Philosophen war von wachsendem Ruhm begleitet. Es liegt also nahe, dem Bart dafür zu danken. Auf dem Cover eines der berühmtesten Alben der Beatles, »Abbey Road« von 1969, trugen ¾ der Bandmitglieder Bart. Der Welterfolg der Beatles erlaubte John schließlich sogar, sein modisches Vorbild vom Sockel zu stoßen:

»Die Beatles sind berühmter als Jesus Christus.«

Hollywood Classics

»Zeig nicht mit dem Bart auf mich, nicht dass er losgeht!«

Groucho Marx
Entertainer
(1890–1977)

»Wer so einen Bart hat, der braucht keinen guten Ruf.«
(Frei nach Rhett Butler)

Clark Gable
Schauspieler
(1901–1960)

Will man aus der Masse der aspirierenden Stars und Sternchen herausstechen, kann ein Bart Wunder bewirken. Schon bei Clark Gable und Groucho Marx hat das funktioniert, heute haben unter anderem Johnny Depp und Brad Pitt damit Erfolg.

Johnny Depp
Schauspieler
(*1963)

Brad Pitt
Schauspieler
(*1963)

Für Ben
Affleck reichte
es 2012 dank Voll-
bart endlich zum Oscar
(»Argo«) – doch bereits in
der darauffolgenden Nacht ra-
sierte der undankbare Sieger das gute Stück
komplett ab.

Manntastisch: Gottes Geschenk an die Frauenwelt

Thomas »Magnum« Selleck
Schauspieler
(*1945)

Tom wer? Selleck? Wer? Ach, Magnum! Sagen Sie's doch gleich! Der mit dem Schnurrbart, auf Hawaii und mit dem Ferrari. Acht Jahre und acht Staffeln lang ermittelte Magnum als Privatermittler und begeisterte seine Zuschauer durch seine ausgelebten Eitelkeiten. Die größte? Sein opulenter Schnauzer, der ihm den Titel »God's gift to women« einbrachte.

Hey Dude

Jeffrey Lebowski
»Der Dude«

Seinen vollen Namen, Jeff Lebowski, lehnt er ab, aber du darfst ihn »Dude« nennen, oder auch »Seine Dudeheit«, »Duder« oder »El Duderino«, wenn dir das lieber ist. Die Kultfigur aus dem Coen-Brüder-Film »The Big Lebowski« (1998) hat es nicht leicht. Erst pinkeln ihm ein paar Wichser auf seinen Teppich, und dann wird er auch noch in so bekackte Machenschaften hineingezogen – dabei will er doch nur in Ruhe bowlen. Sein Bart, lässig und ungepflegt, ist der Van Dyke, bei uns »Klobrille mit langem Kinn« genannt. Besonders überzeugend wirkt er dann, wenn er zottelig und in »White Russian« getränkt daherkommt.

Let's get ready to rumble

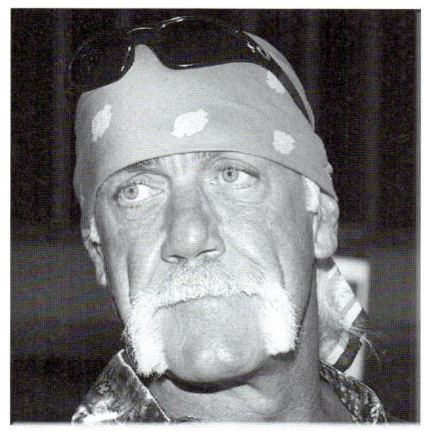

Hulk Hogan
Wrestler
(*1953)

Terrence Gene Bollea spielte eigentlich Baseball und wurde aufgrund seiner Statur Ende der 1970er Jahre während eines Konzerts angesprochen, ob er sich eine Karriere im Wrestling vorstellen könnte. Der Rest ist Geschichte. Die Hulkmania brach in den 1980er und 1990er Jahren aus und »The Incredible Hulk Hogan« wurde zur Kultfigur. Sein blondierter Bart, eigentlich eine breite Spielart des Fu Manchu, wird heute schlicht »Der Hulk« genannt.

Die Gerüchte, Hulk Hogan ernähre sich von Ziegen und kleinen Kindern, konnten nie belegt werden.

Ein Bart, sie zu knechten

Ansonsten ist der Bart im Film vor allem aus dem Fantasy-Genre nicht wegzudenken. Ja, zwischen Ring und Feuerkelch wird ein wahrer Bart-Battle ausgefochten.

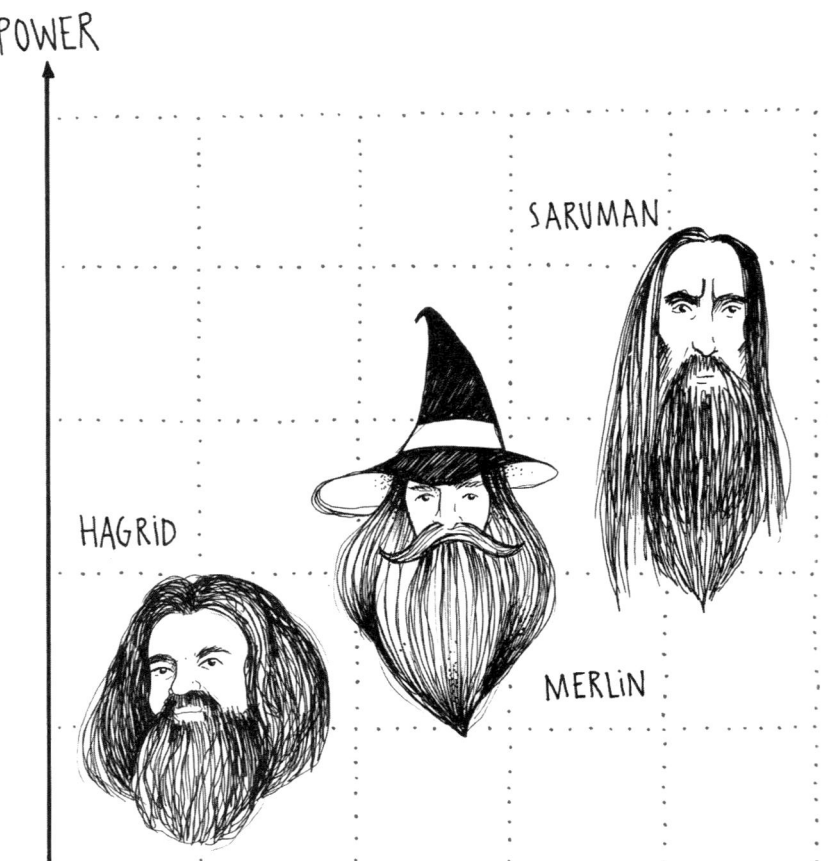

POWER

SARUMAN

HAGRID

MERLIN

GANDALF

DUMBLEDORE

BARTLÄNGE

Bärtige Zeichentrickhelden

Beim Teutates!

Rom wurde weder an einem Tag erbaut noch ohne Bart erobert. Julius Caesar lies sich nicht rasieren, sondern jedes Barthaar einzeln mit der Pinzette zupfen. Wären Asterix und Obelix ebenso mit der Unterdrückung ihrer pracht-

Asterix und Obelix
(*50 v. Chr.)

vollen Schnurrbärte beschäftigt gewesen, wer weiß, ob ihnen die Eroberung Roms geglückt wäre.

Schlumpf und zugenäht!

Papa Schlumpf

Ohne Bart wär er nur ein Schlumpf in roten Kleidern. Mit Vollbart ist er der Oberboss. Wer hat hingegen keinen Bart und zieht immer den Kürzeren? Gargamel!

Super Mario

Zuerst versuchte er nur Donkey Kongs Fässern auszuwei-
chen, aber Mario war eine viel größere Karriere beschieden.
Der weltbeste Klempner und Schnurrbartträger war in den
1990ern aus kaum einem Kinderzimmer wegzudenken und
hat unzählige Jump-'n'-Run-Abenteuer bestehen müssen, um
seine platonische Geliebte, Prinzessin Peach, zu retten.

Ist dir
schon mal aufge-
fallen, dass Mario und
Luigi mit der roten und der
grünen Mütze und ihren weißen
Handschuhen zusammen die italienische
Flagge darstellen?

Hunderttausend Höllenhunde!

Der eifrige Reporter Tim und sein kleiner Kamerad Struppi wären auf ihren vielen Abenteuern bestimmt nur bis Brügge gekommen, hätte sie nicht der launische Käpt'n Haddock begleitet. Für ihn gilt:

- Mit Bart: der beste Flucher auf allen Weltmeeren
- Ohne Bart: ein bloßer Leichtmatrose

Käpt'n Haddock

Sieben Messer und ein Gewehr

Der Räuber Hotzenplotz

Ein gar fieser Fiesling, dieser Hotzenplotz! Klaut einfach Großmutters Kaffeemühle und glaubt, ungeschoren davonzukommen. Aber da hat er die Rechnung ohne Kasperl und Seppel gemacht.

Was macht einen Räuber zum Räuber? Richtig! Ein wilder, tiefschwarzer schratiger Bart! Ein Schurke ist halt sonst kein richtiger Schurke. Vorsicht vor Pfefferpistolen!

Der berühmteste Bart

Homer Simpson hat mit seinem Sohn den wohl berühmtesten Bart der Welt:

Der Bart, der keinen hat: Bart Simpson.

Bärtige Barden:
eine Galerie der berühmtesten Autorenbärte

William Shakespeare
Balbo
(1564–1616)

Mark Twain
Schnauzer
(1835–1910)

Lew Nikolajewitsch Tolstoi
Schrat
(1828–1910)

Edgar Allan Poe
Schnurrbart
(1809–1849)

Henrik Ibsen
Epischer Mutton Chops
(1828–1906)

Ernest Hemingway
Vollbart
(1899–1961)

Charles Dickens
Ausgefranste Klobrille
(1812–1870)

Arthur Schnitzler
Schnauzkinnbart
(1862–1931)

Wer einen Bart trägt, ist kein Jüngling mehr,
Und wer keinen hat, ist noch kein Mann.

William Shakespeare in »Viel Lärm um nichts«

DAS BARTSORTIMENT

Der Bart ist mehr als die Summe seiner Haare.

Die Grundbestandteile des Bartes

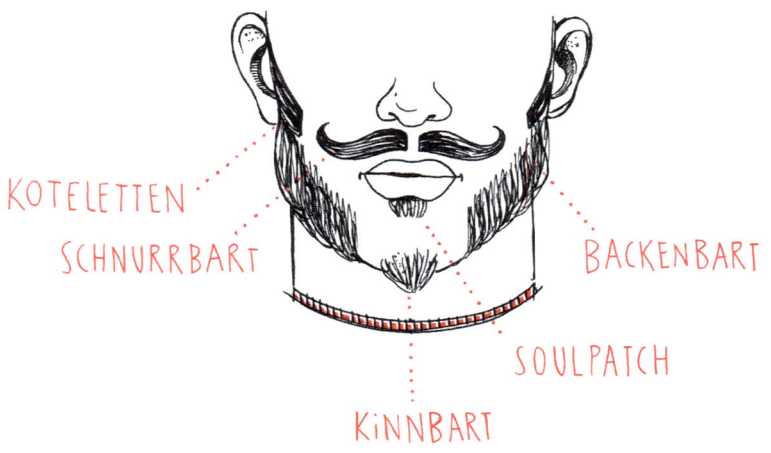

KOTELETTEN

SCHNURRBART

BACKENBART

SOULPATCH

KINNBART

Bart ist nicht gleich Bart.

Im Prinzip bestehen alle Bärte aus einer Kombination der gleichen fünf Bausteine. Rein rechnerisch lassen sich allein damit bereits 31 verschiedene Kombinationen bilden. Dennoch ist natürlich jeder Bart ein Einzelstück – ganz zu schweigen von den Variationsmöglichkeiten, die zum Beispiel das Ausrasieren oder die Kombination verschiedener Längen dem experimentierfreudigen Bartträger bieten. Die Auswahl an Bartmodellen ist also groß (und schwierig!). Wer Angst hat, ein Bart alleine reiche heute nicht mehr aus, um aus der Menge hervorzustechen: Hier finden sich auch für Individualisten noch genügend besondere Spielarten!

Der wahre Grund für den Bart

Ich finde Rasieren scheiße
90%

Mit Bart sehe ich geil aus 7%

Weil ich's kann 3%

Die häufigsten Bartmodelle

Vollbart

Dreitagebart

Zehntagebart

Schnurrbart

Zahnbürstenbart

Fu Manchu

Ziegenbart

Clark Gable

Backenbart

Henriquatre / Klobrille

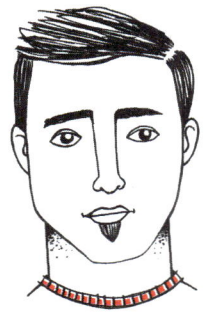

Soulpatch

Hufeisenbart

Kieferlinie

Musketierbart

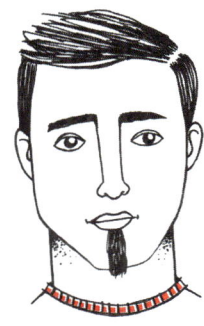

Chin Puff

Frank Zappa

(Wald-) Schrat

Rap Industry Standard

Die lustigsten Bartsynonyme

Schamhaarzone

Schnörres

Gesichtshecke

Rotzstopper

Lippenbusch

Hinterkopfglatzenersatzbefriedigung

Pornobalken

Gesichtsattrappe

Walrossschnauze

Suppensieb

Kinngestrüpp

Filzbeet

Mundgardine

Gesichtspullover

Fellfresse

BRÖSELBESEN

Kinnpelz

Erbsenfänger

Malerbürste

Zottelpartie

Popelbremse

Fressbrett

Gesichtsvorhang

Saucenschranke

Fliegenfilter

Die wichtigsten Bärte in der Einzelkritik

Der Vollbart

Wer kann ihn tragen?

Grundsätzlich jeder, der es kann. Besonders aber steht er Männern mit kantigen Gesichtszügen. Er gleicht Unebenheiten aus und lässt die markanten Gesichtsmerkmale (Wangenknochen, Kinn, Kiefer) gleichmäßiger wirken. Kindliche Gesichter mit hellem Teint werden durch ihn konturierter und maskuliner. Männer mit runden Gesichtern sollten aufpassen, durch den Bart nicht noch an Volumen zuzunehmen. Ein Vollbart (a. k. a. Vollbär) macht undurchschaubar und verwegen. Je nach Wuchs braucht er etwa einen Monat bis zur Statthaftigkeit, zwei bis zur Vollendung.

GO BIG OR GO HOME

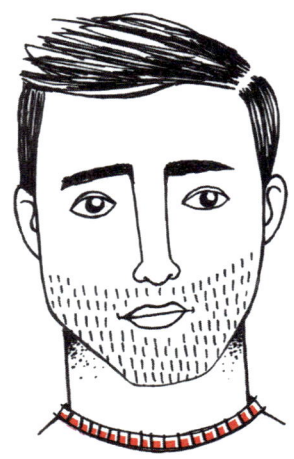

Zeitlos aktuell und draufgängerisch cool.
Der Dreitagebart, auch »Light Stubble« genannt, ist der kleine Protest gegen das Rasur-Gebot im Job. Ein bisschen wild und unangepasst, aber nicht zu revolutionär. Dreitäger schätzen es, die Regeln mal etwas auszudehnen, und tragen ihre Gelassenheit offen zur Schau. Die Ironie dabei: Ein gleichmäßiger Dreitagebart braucht ungefähr eine Woche. Besonders schmalen Gesichtern steht er gut, er macht sie breiter und ausdrucksstärker.

ICH MAG'S LÄSSIG

Der Zehntagebart

Man könnte meinen, dass der Zehntagebart, englisch »heavy stubble«, einfach die gedehnte Variante des Dreitagebartes sei. Ein Irrglaube! Spätestens wenn nach einer Woche das Jucken anfängt, wird man merken, dass es ernst wird mit dem Bart. Während man diesem Problem mit einem Pflegeöl beikommen kann, braucht ein Zehntagebart jedoch auch eine Konturrasur, um nicht ungepflegt zu wirken. Warum sich diese Mühe lohnt? Der Zehntäger ist der Bart, den Frauen am attraktivsten finden.

I'M SEXY AND I KNOW IT

Schnauz, Schnauzer, Schnauzbart, Moustache oder schlicht Oberlippenbart (»Oliba«) … Schnurrbärte sind eine Welt für sich. Auf Albanisch soll es gar 27 Namen für unterschiedliche Schnurrbartformen geben.

Der Schnurrbart gilt heute als beliebtes Mode-Accessoire bei Hipstern, gerade unter den höheren Semestern gibt es aber auch eine breite Basis treuer Schnurrbart-Fans aus Überzeugung.

»Lass dich niemals von einem Mann ohne Schnurrbart küssen. Die Küsse haben gar keinen Geschmack, nicht mehr dieses Reizende, dieses durch Mark und Bein Gehende, dieses – diesen Pfeffer, ja, diesen Pfeffer des wahren Kusses. Der Schnurrbart ist die Würze des Kusses.«

Guy de Maupassant

In seiner Unangepasstheit ist »The schrat«, wie er in den USA heißt, voll in Mode. Er steht denjenigen gut zu Gesicht, die sich als Zivilisationskritiker verstehen und die durch ihr Auftreten gerne ausdrücken, dass sie die Leistungsgesellschaft kritisch beäugen. Ohne ironische Distanz wird er besonders in ländlichen Gegenden gerne getragen. Er ist optisch irgendwo zwischen Hagrid und Kai Diekmann anzusiedeln.

BE DIFFERENT, BE SCHRAT

Kinder tragen ihn gerne: den Zahnbürstenbart (man halte die Zahnbürste horizontal und ziehe einfach eine Zahnpastaspur von der Nase bis zum Mund). Ansonsten ist er ziemlich aus der Mode gekommen. Dabei scheint es, es komme nur auf die richtige Kombination mit Accessoires an.

AB MORGEN WIRD ZURÜCKRASIERT

Der Fu Manchu

Die meisten Superhelden haben eine klare Linie in Sachen Bart: Ob Superman, Batman, Spiderman oder der Hulk: Alle mögen es glatt rasiert. Doch wenn man auf der Seite des Bösen steht, kann ein exzentrischer Look Weltruhm oder -herrschaft bedeuten! Und schon ist man beim berühmtesten aller Bösewichte: Fu Manchu.

Der Bart wird oft verwechselt mit dem weiter verbreiteten Hufeisenbart. Dabei wissen Kenner: Beim Hufeisenbart wird Barthaar an Ort und Stelle in Form geschnitten, während sich der Fu-Manchu-Bart allein aus langen Schnurrbarthaaren speist.

Heute wird er auch gerne »Zuhälterbart« genannt. Wer sich trotzdem – oder gerade deswegen – dafür entscheidet, sollte beachten, dass lange Gesichter dadurch noch länger wirken. Wem's steht, der ist natürlich an Verwegenheit kaum noch einzuholen.

I'M EVIL AND I KNOW IT

Gute Bärte, böse Bärte

Man soll vom Bart nicht auf den Charakter schließen, heißt es. Ein paar Bärte gibt es allerdings, denen man grundsätzlich nicht im Dunkeln begegnen möchte. Diese Skala der Vertrauenswürdigkeit hilft bei der Einordnung.

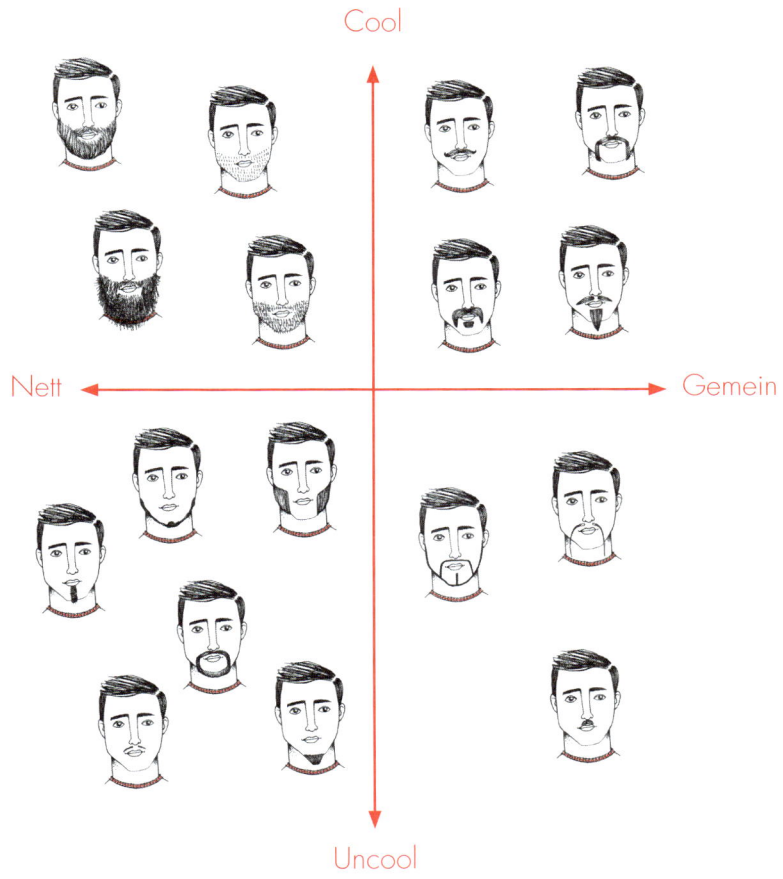

Bart-Weltmeisterschaften

Regelmäßig messen sich die Bärtigsten aller Bärtigen miteinander. 2013 kämpften über 300 Männer aus 20 Ländern um
den Siegertitel in 18 Kategorien:

Schnauzbärte

Schnauzbart »Naturale«, Schnauzbart »Kaiserlich«, Schnauzbart »Dalí«, Schnauzbart »Englisch«, Schnauzbart »Ungarisch«, Schnauzbart »Freistil«

Kinn- und Backenbärte

Kinnbart »Naturale«, Kinnbart »Chinesisch«, Kinnbart
»Musketier«, Backenbart »Kaiserlich«, Backenbart »Freistil«,
Kinnbart »Freistil«

Vollbärte

Vollbart »Naturale«, Vollbart »Naturale« mit gestyltem
Oberlippenbart, Vollbart »Garibaldi«, Vollbart »Verdi«, Vollbart »Freistil«

Trendbärte

Übrigens: Der Tabellenspiegel war bei der letzten WM 2013
fest in deutscher Hand: Mit 11 Weltmeister-Titeln lagen die
deutschen Bartträger mit solidem Abstand vor den USA (6)
und Ungarn (1)*. Die nächste Bart-Weltmeisterschaft ist für
2015 in Österreich geplant.

---

*   Wenig überraschend in der Kategorie: Schnauzbart »Ungarisch«.

DEIN BART UND DU

Der Bart ist der Spiegel der Seele.

Der Bart macht das Gesicht

Du bist, was du trägst. Wer aussehen will wie ein Mann, sollte sich darum unbedingt für einen Bart entscheiden – denn ohne Bart keine Frisur. Nur: Wie weiß man, welcher Bart der richtige für einen ist?

Du hast ein eckiges Gesicht? Dein Gesicht sollte durch einen Bart gestreckt werden. Dafür eignen sich runde oder spitze Kinnbärte.

Falls dein Kopf eine ovale Form hat, brauchst du einen Bart, der dein Gesicht unten breiter macht. Der Henriquatre, auch Klobrille genannt, erfüllt diesen Zweck, oder der gespiegelte Hufeisenbart.

Dein Gesicht ist eher länglich? In diesem Fall kommen Bärte für dich in Frage, die dein Gesicht etwas breiter machen. Ein Kotelettenbart, ein Zehntäger, der Kieferlinienbart oder die Königsdisziplin: der Vollbart.

Runde Gesichter haben es schwer, den richtigen Bart zu finden. Falls du dichten Bartwuchs haben solltest, könntest du einen Vollbart tragen und die Breite dadurch kaschieren. Grundsätzlich eignen sich aber Bärte für dich, die dein Gesicht strecken, also ein Ziegenbart oder ein Chin Puff.

Längere Bärte bieten sich besonders an, um zu wenig Kinn zu kaschieren. Genauso natürlich, wenn man gleich mehrere davon hat.

Das Bart-Quiz

Du kannst dich nicht entscheiden, welchen Bart du tragen willst, weil du einfach alles tragen kannst? Oder bist du unentschlossen, welcher Bart zu dir passt? Wir können dir bei der Entscheidung helfen! Beantworte einfach die folgenden Fragen. Bei dem Buchstaben, den du am häufigsten gewählt hast, erwartet dich in der Auflösung dein Bart-Schicksal.

Los geht's!

1. **Was bestellst du in einer Cocktailbar?**
   a. Tequila Sunrise
   b. Club-Mate-Vodka
   c. Whiskey. Pur, no ice.
   d. Coca-Cola
   e. Gin Tonic
   f. Bei Cocktail denke ich an Molotow.

2. **Welches Haustier dürfte bei dir wohnen?**
   a. Keines
   b. Hausschwein
   c. Ein Labrador
   d. Eine Katze
   e. Fische
   f. Eine Dogge

3. **Du musst von A nach B. Womit bewegst du dich fort?**
   a. Surfbrett
   b. Rennrad
   c. Volvo Kombi

d. Cadillac

e. Taxi

f. Motorrad

4. Was ist der Soundtrack deines Lebens?

a. Chill-out-Musik

b. Alles, kurz bevor es Mainstream wird

c. Indie-Rock

d. Rock 'n' Roll

e. Jazz

f. Metal und die Filmmusik von »Born to be wild«

5. Welches Instrument passt zu dir?

a. Gitarre

b. Ukulele

c. Piano

d. Ich brauche nur ein Mikrofon.

e. Trompete

f. Schlagzeug

6. Welcher Ort in Deutschland bist du?

a. Fehmarn

b. Berlin-Neukölln

c. Kiel

d. Pott

e. Frankfurt am Main

f. Hamburg-St. Pauli

7. Dein Lieblingsessen ist

a. Burger und Fritten

b. Rote-Bete-Salat mit Grünkernbratling

c. Thai-Curry

d. BBQ – alles vom Grill

e. Meeresfrüchte

f. Porterhouse-Steak

8. Wie würdest du deinen Kleidungsstil beschreiben?

a. Lässig

b. Urban Bohème

c. Rustikal

d. Jeans, Pomade, ab dafür

e. Beatnik

f. Leder

Auswertung

Welchen Bart solltest du tragen, und was sagt das über dich aus?

a. Dreitagebart

Warum eigentlich nicht? Schließlich bist du ein Draufgänger. Ein freier, ungebundener Abenteurer. Mit dem Dreitagebart demonstrierst du deinen entspannten, lässigen Lebensstil – keine Zeit zum Rasieren, weil: YOLO.

b. Schnurrbart

Genau das Richtige für individualistische Lifestyle-Avantgardisten wie dich – du bist für den Schnurrbart geboren. Auf modebewusste und zugleich lässige Art wird der 'stache deinem Hang zu Extrovertiertheit gerecht – natürlich mit einer fein dosierten Portion Ironie.

c. Vollbart

Der Vollbär. Er strahlt Männlichkeit aus, ist intellektuell, akademisch, altmodisch. Du machst keine halben Sachen. Für Männer, die aufs Ganze gehen.

d. Koteletten

Vielleicht keine offensichtliche Wahl, aber der neue Geheimtipp für experimentierfreudige, kreative Individualisten. Aber Vorsicht, kann schnell bieder wirken, also nicht zu buschig werden lassen. PS: Elvis lebt!

e. Soulpatch

An diesem Bart scheiden sich die Geister … Populär gemacht haben ihn amerikanische Jazzgrößen der fünfziger und sechziger Jahre. Dieser Bart sagt: Ich bin maskulin *und* sensibel. Wer die intellektuelle Note betonen möchte, trägt den Look mit gefärbten Brillengläsern. Wem der Soulpatch in Reinform dann doch zu dezent ist, kann ihn ausgezeichnet mit einem Schnurrbart und/oder Kinnbart kombinieren. Kann so falsch nicht sein – hat selbst Shakespeare schon so gemacht.

f. Hufeisen

Wenn das einer tragen kann, dann du. Du bist stark, wild und gefährlich. Ein Rebell, wie er im Buche steht. Außerdem passt der Bart zu deinem Motorrad. 'nough said.

Bartnamen-Generator

Ein richtiger Bart braucht einen Namen.

Denn so ein Bart *macht* nicht nur Charakter, er *hat* auch einen. Weil die Vergabe eines Bartnamens mindestens so schwierig ist wie die Auswahl von Kindernamen, findest du hier den **weltersten Bartnamen-Generator.**

Er ist wissenschaftlich fundiert und funktioniert trotzdem ganz einfach:

1. Wähle die Länge deines Bartes aus.
2. Wähle deine Bartfarbe aus.
3. Wähle dein Lieblingstier aus.

Bartlänge

0–0,5 cm	0,5–1,5 cm	1,5–3 cm	3 cm und länger
–	Herr	Dr.	Professor

Bartfarbe

weiß	blond	dunkelblond	Kupfer	rot	braun	grau	schwarz
Adalbart	Bartram	Barthold	Barthasar	Robart	Heribart	Norbart	Bartholomäus

Lieblingstier

Kaninchen	Katze	Hund	Fuchs	Wolf	Bär
der Flauschige	der Schöne	der Treue	der Edle	der Wilde	der Starke

Trage hier deinen Bartnamen ein

Wenn ich einen Bart trage …

Wie andere mich sehen

Wie meine Freundin mich sieht

Wie meine Mutter mich sieht

Wie ich mich sehe

BARTPFLEGE

Trägst du den Bart, oder trägt er dich?

Haarspaltereien

58 Prozent der Männer rasieren sich nass, 17 Prozent bevorzugen die Trockenrasur. Der Rest macht es mal so und mal so, oder eben gar nicht. Ungewöhnlich: Zwei Prozent rasieren sich sogar zwei Mal am Tag.

Nimmt man alle Rasuren seines Lebens zusammen, kappt ein Mann dabei ca. 500 Millionen Bartstoppeln.

Einem Gesicht wachsen im Durchschnitt 25 000 bis 30 000 Barthaare.

Ein Mann verbringt im Laufe seines Lebens ca. 3350 Stunden mit Rasieren.

Barthaare wachsen täglich um ca. 0,6 mm und damit in etwa doppelt so schnell wie Kopfhaare.

Wenn sich ein Mann nie rasieren würde, könnte sein Bart im Laufe seines Lebens bis zu neun Meter lang werden.

Barthaar ist wesentlich dicker als Kopfhaar, weshalb der Übergangsbart auch so kratzt.

Wild, aber gepflegt – das Beste aus beiden Welten

Bartpflege ist beinahe so alt wie die Menschheit selbst: Archäologische Schätzungen datieren die erste Rasur auf 100 000 bis 30 000 Jahre vor Christi Geburt. Bartpflege war dabei auch eine Standortfrage: Je näher ausreichende Wasserreserven und je sesshafter der Lebensstil, desto eher war man frisurentechnischen Experimenten zugeneigt. Aus alten Höhlenmalereien und Fundstücken lassen sich Rückschlüsse auf die Rasurtechnik der Pioniere schließen: Lange Zeit waren die Werkzeuge des Vertrauens scharfe Steine und Muscheln. Da hat Mann es heute doch bequemer. Mit dem verfügbaren Sortiment an modernen Pflegeartikeln könnte man alle Grizzlybären Alaskas rasieren. Und so ist es dem modernen Bartträger möglich, den Spagat zu meistern, auf möglichst gepflegte Weise wie ein Naturbursche auszusehen.

Barbier, der

Barbier (von frz. la barbe, der Bart) ist ein alter Handwerksberuf, zu dessen Aufgaben früher auch Wundheilung und Krankenpflege gehörten, bevor er sich rein auf Körperpflege spezialisierte. Aus dieser Spezialisierung heraus entstand dann das Friseurhandwerk. Heute gibt es wieder vermehrt Barbiere, die sich neben dem Frisieren auch des Rasierens annehmen.

Von Bertrand Russell stammt das logische Barbier-Paradoxon aus dem Jahr 1918: Wenn der Barbier von Sevilla all jene Männer aus Sevilla rasiert, die sich nicht selbst rasieren – heißt das dann nicht aber auch, dass der Barbier sich selbst rasiert? Für dieses Paradoxon gibt es eine Lösung: Nein, wenn der Barbier selbst *nicht* aus Sevilla kommt!

Gioachino Rossini hat die komische Oper »Der Barbier von Sevilla« komponiert, die 1816 uraufgeführt wurde.

Die Rasur als Freund des Bartes

Der Bart ist das Wilde in dir. Lasse sein Wachsen zu, aber halte ihn gepflegt und zeige ihn selbstbewusst. Trimmen und Stutzen des Bartes sind die Eckpfeiler eines gepflegten Auftretens. Für eine gute Pflege sollte man daher etwas Bar(t)geld in das richtige Equipment investieren.

Das Rasiermesser

Klassisch und nur vom Fachmann mit ruhiger Hand anzuwenden: das Rasiermesser mit nur einer Klinge (wahlweise als Einsatzklinge oder aus einem Guss).

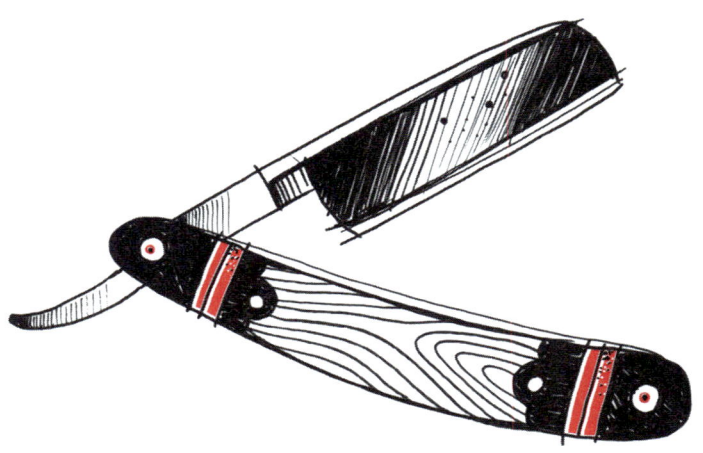

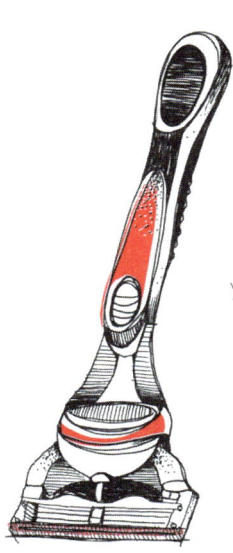

Der moderne Nassrasierer

Die sichere Variante für zu Hause und auf Reisen: Nassrasierer gibt es in vielen Varianten. Von ein bis fünf Klingen, mit Konturklingen-Option, gummiertem oder hölzernem Griff und schnittigem bis klassisch-edlem Design.

Der strombetriebene Trockenrasierer

Hightech im Badezimmer: Stylish und auf hohem technischem Niveau sind Trockenrasierer heute auf dem Vormarsch. In der Akkuratesse zwar der Nassrasur unterlegen, dafür hautschonender und (im gehobenen Segment) selbstreinigend.

WICHTIG:
Haare sind länger, wenn sie nass sind. Um nach dem Trocknen keine böse Überraschung zu erleben, sollten Haare also immer im trockenen Zustand geschnitten werden.

Grundkurs Konturen

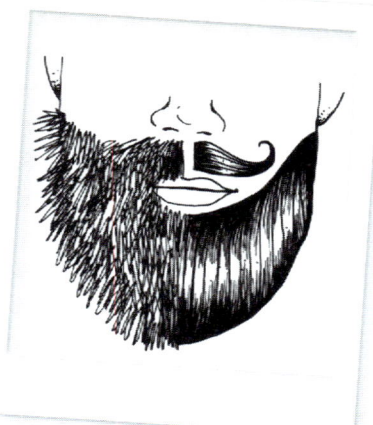

Es ist wichtig, einen Bart regelmäßig zu stutzen, da er sonst auszufransen droht. Die Stellen, die frei bleiben sollen, sollte man alle zwei Tage in Wuchsrichtung rasieren.

Für die Konturenrasur gibt es hilfreiche Pflegeprodukte:

- Gute Rasierseifen, -cremes, -schäume und -gels helfen dabei, das Barthaar weich werden, aber die Haut nicht austrocknen zu lassen, und sind am besten parfüm- und silikonfrei.

- Gentlemen alter Schule tragen ihre Rasiercreme mit einem Rasierpinsel aus Dachshaar auf, um einen gleichmäßigen Film zu erhalten. New-Schooler tragen Rasierschaum oder -gel einfach mit der Hand auf.

- Vorsicht, Rasurbrand! Nach der Rasur hilft dir ein After-Shave-Balsam, um der Haut Feuchtigkeit zu spenden und Rötungen zu reduzieren. Ein guter ASB enthält weder Alkohol noch Farbstoffe und fettet leicht nach.

Eine gründliche Rasur kennt drei Stufen:

1. Einweichen
In Kombination von Wärme und Feuchtigkeit wird das Barthaar schnittweich. Rasiere dich also nach dem Duschen oder lege dir für fünf Minuten ein warmes, feuchtes Tuch auf den Bart. Dieser Schritt wird aus Zeitnot oft ausgelassen, lohnt sich jedoch sehr, da er Hautirritationen vorbeugt.

2. Einseifen
Schmiere dein Gesicht mit Rasierseife o. Ä. ein und lasse diese einige Augenblicke einziehen.

3. Rasieren
Rasiere zuerst in Wuchsrichtung, anschließend gegen den Strich.

4. Pflege
Reinige das Gesicht mit kaltem Wasser, damit die Poren sich schließen, und trage abschließend After-Shave-Balsam auf.

Vorsicht!
Man kann Rasierschaum aus der Dose als Ersatz für das FIFA-Freistoßspray der Fußball-WM nehmen, nicht aber das FIFA-Freistoßspray der Fußball-WM als Ersatz für Rasierschaum aus der Dose.

Was hilft bei eingewachsenen Barthaaren?

Eingewachsene Barthaare sind eine Tortur für jeden Mann. Der Schmerz ist nicht ausreichend groß, um ernsthaftes Leiden zu rechtfertigen, aber, nun ja … sie hören nicht auf zu ziepen!

Eingewachsene Haare sollten nicht mit einer Pinzette entfernt werden, weil dabei Entzündungen und sogar kleine Narben entstehen können. Entweder gehst du zur Kosmetikerin oder, in ernsteren Fällen, zum Dermatologen, der das Haar in einer kleinen Operation entfernt. Die Ursache für eingewachsene Haare liegt bei der Nassrasur, weil hier das Haar scharf seitlich angeschnitten wird und so unter die Haut wachsen kann. Wer auf Nummer sicher gehen will, greift also zum Trockenrasierer oder gleich zum Epiliergerät.

Die Bart-Hygiene

Am besten wäscht man den Bart mit einem pH-neutralen Shampoo. Anschließend hilft eine Spülung dabei, den Bart geschmeidig zu machen und den Juckreiz zu mindern.

Regelmäßiges Kämmen mit einer Echthaarbürste verhindert das Verfilzen. Wer seinem Bart etwas besonders Gutes tun will, kann alle zwei Wochen eine Kur mit Klettenwurzelöl oder Seidenproteinen verwenden.

Bart-Experimente

Färbungen sind grundsätzlich möglich, allerdings eher gefähr-lich, denn Barthaare wachsen extrem schnell. So entstehen innerhalb weniger Wochen An-sätze, die ungepflegt wirken.

Bart-Öl: heißer Scheiß oder so'n Scheiß?

Gute Pflege macht den Bart, und damit auch den Mann, glücklich und gesund. Ein Utensil vieler Bartträger, das gera-de sehr angesagt ist, ist Bart-Öl. Im Bart verteilt, macht es das Haar glänzend und geschmeidig, beruhigt die darunterliegen-de Haut und hilft gegen Juckreiz.

Besonders wer empfindlich auf die synthetischen Inhalts-stoffe im herkömmlichen Bartpflegesortiment reagiert, sollte auf natürliche Öle zurückgreifen.

Man kann sich jedes Bart-Öl frei nach Schnauzer selbst zu-sammenstellen. Es bietet sich an, ein Öl als sogenanntes Trä-ger-Öl, also als Basis, zu verwenden. Je nach Geschmack kom-men dann noch andere Öle und Duftstoffe dazu. Das in vielen Ölen enthaltene Vitamin E gibt dem Bart Kraft und Glanz und wirkt straffend und beruhigend auf die Haut. Für den guten Duft sorgen ätherische Öle, z. B. Orange (beruhigend und stim-mungsaufhellend) oder Vanille (regt die Konzentration an).

Klassische Zutaten

1 Teelöffel Träger-Öl (z.B. Mandel, Jojoba, Traubenkern, Argan)
1 Teelöffel Duft-Öl (z.B. Zitrus-Öle wie Orange oder Zitrone, Vanille, Rosmarin, Lavendel, Patschuli, Bergamotte, Nelke)

Wer es ganz natürlich mag, gibt dem Träger-Öl keine weiteren Öle, sondern Kräuter oder Blüten direkt zu und siebt diese nach ein paar Tagen ab.

Damit sich die Öle optimal miteinander verbinden können, lässt man sie nach dem Mischen ein paar Tage stehen – am besten in einer dunklen Flasche und an einer lichtgeschützten Stelle. Vor dem Anwenden an einer anderen Stelle, z.B. auf dem Arm, ausprobieren, um allergische Reaktionen im Gesicht zu vermeiden. Wahlweise kannst du das Produkt auch zuerst an deinem Haustier, den Nachbarn oder deinem/deiner Freund_in/Ehepartner_in testen.

Anwendung

Je nach Bartgröße wenige Tropfen in die Hände träufeln, verreiben und in Bart und Gesichtshaut einmassieren. Wer auf den Geschmack gekommen ist und seinem Bart noch mehr Gutes tun will, kann auch spezielle Bartshampoos ausprobieren – sogar regelmäßige Bartkuren und -peelings sind längst legal maskulin.

Wie kann man den Bartwuchs stärken?

Ein dichter, gleichmäßig gewachsener Bart ist keine Selbstverständlichkeit. Viele Männer leiden unter dünnem oder fleckigem, schlimmstenfalls sogar unter komplett ausbleibendem Bartwuchs. Ist es möglich, seinen Bartwuchs zu fördern? Oder ist man ganz auf genetisches Glück angewiesen?

Der Mythos, häufiges Rasieren beschleunige den Bartwuchs, ist leider totaler Quatsch.

Viele Wunderdoktoren preisen unterschiedliche Methoden zur Bartwuchsstärkung an. Es soll z. B. helfen, viel Eiweiß und Zitrusfrüchte vor dem Schlafengehen zu sich zu nehmen, damit die Wachstumshormone nachts aktiv werden können. In diesem Sinne sei dir ein kleiner Mitternachtsimbiss aus gebratener Hähnchenbrust und einem Glas Zitronensaft angeraten.

Andere Kurheiler empfehlen, den Testosterongehalt in deinem Körper zu erhöhen und anzuregen, beispielsweise durch Kraftsport und viel grünblättriges Gemüse (z. B. Spinat und Kohl).

Wieder andere Heilkünstler raten zu Nahrungsergänzungsmitteln, die Biotin sowie die Vitamine B_1, B_6 und B_{12} enthalten und so ebenfalls dem Bartwuchs zuträglich sein sollen.

Da Stress Haarausfall mit sich bringen kann, raten manch andere Landärzte zu viel Schlaf, Entspannung und zu viel täglichem Trinken von Wasser, um die Toxine aus deinem Körper zu spülen.

Weitere Hausmittel

Kieselerde: Manche Menschen raten zur Einnahme von Kieselerde (in Tablettenform erhältlich), denn Kieselerde soll Bausteine enthalten, welche die Haarwurzeln fördern. Daher wird der Kieselerde oft nachgesagt, dass sie den Bartwuchs beschleunigen könne.

Minoxidil: Während einige Hautärzte aufgrund der Nebenwirkungen stark von Minoxidil abraten, gab es trotzdem Erfolgsberichte über Männer mit unregelmäßigem Bartwuchs. Jedoch kann es bis zu einem Jahr dauern, bis die kahleren Stellen aufgefüllt werden, und bei einem Absetzen klingt auch die Wirkung wieder ab.

Darüber hinaus gibt es eine Vielzahl an Tinkturen und Ölen Marke »hausgemacht«, und das oft zu stolzen Preisen.

Für alle Methoden und vermeintlichen Hilfsmittel gilt: Gewissheit gibt es trotz großer Erwartungen leider nicht.

Wir finden aber: Probieren geht über rasieren. (Aber Vorsicht bei Kurpfuschern!)

BART SUCHT FRAU

Mädchen lieben Jungs.
Frauen lieben Männer.

KONTAKTANZ

GROSSER MANN (35 J.),
Musikfreund sucht
netten Flirt fürs Wochenende.

MANN MIT BART
charmant, kinderlieb, attraktiv
sucht Frau fürs Leben.

TIERLIEBHABER,
Mitte 40, steht auf
Frauen mit Hund.

Entschuldigung, meine Augen sind hier oben!

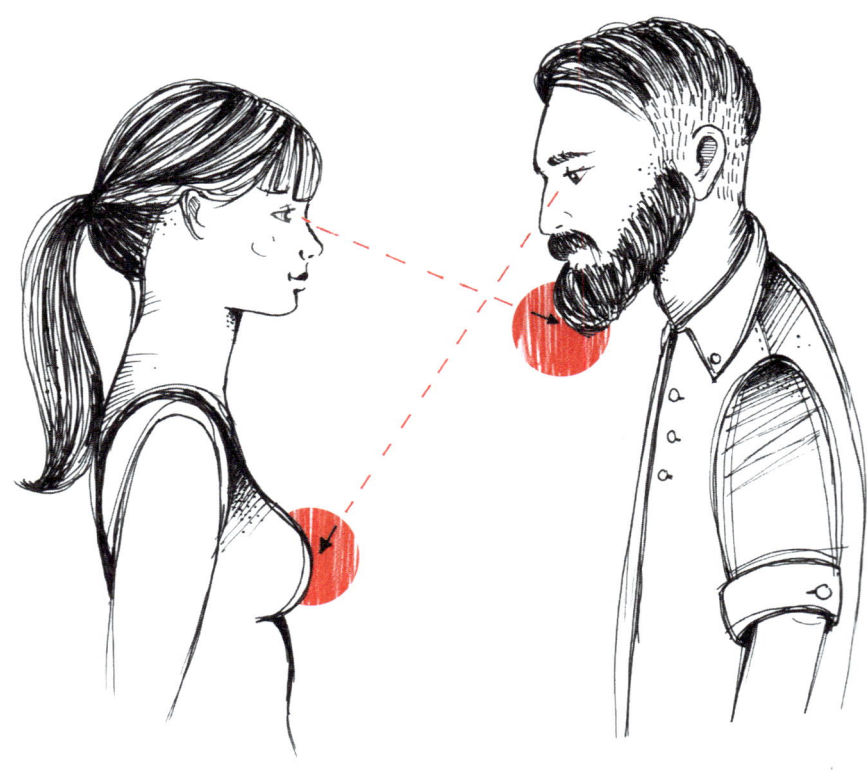

Bärte sind wie Brüste.
Je größer sie sind, desto mehr wird gegafft.

Bart-Zierde weckt Begierde

Bei einer der folgenreichsten Trennungen der Geschichte soll der Bart eine zentrale Rolle gespielt haben: Angeblich hat Eleonore von Aquitanien ihren Gatten Ludwig VII. von Frankreich verlassen, weil er sich weigerte, nach einer Komplettrasur seinen Bart wieder wachsen zu lassen. Ihre darauf folgende Hochzeit mit dem bärtigen Heinrich II. von England markiert den Beginn von hundert Jahren Krieg der beiden Länder um Eleonores Ländereien. Man nennt ihn noch heute scherzhaft »War of the Whiskers« (engl. »Krieg der Backenbärte«).

Andere Zeiten, andere Sitten. Aber selbst Frauen, die Hipster generell so attraktiv finden wie neonfarbene Polyesterjacken, können einem Mann mit lässigem Bart nur schwer widerstehen.

Denn:
Mädchen lieben Jungs.
Frauen lieben Männer.

Oder etwa nicht? Über das Thema, ob bärtige Männer attraktiver auf Frauen wirken als glattrasierte, streiten sich bärtige Männer und glattrasierte wohl seit Erfindung der Rasur.

> *»Himmel! Wie sollte ich wohl*
> *einen Mann mit einem Bart im Gesicht aushalten:*
> *lieber schlief' ich auf Wolle.«*
>
> Beatrice, Viel Lärm um nichts

Eins ist sicher, auch für den begehrenswertesten Bartträger gilt: Wer piekst, wird weniger geküsst. Angeblich bevorzugt über die Hälfte aller Frauen beim Knutschen ein glattrasiertes Kinn. Aber Vorsicht: Bevor du jetzt vorschnell über einen Typwechsel nachdenkst, solltest du lieber erst mal nachrechnen: Wenn circa ein Drittel aller Männer einen richtigen Bart trägt, und sich dieses Drittel immer noch knapp 50 % der Frauen teilen kann, wer ist dann rein rechnerisch im Vorteil? Außerdem: Nur Stoppeln piksen. Ein echter Bart ist weich und schön zu streicheln!

Ist das ein schöner Bart! Darf man den streicheln?

Auch Shakespeare hatte ein Einsehen und schränkte Beatrice' Bartkritik postwendend ein. Zu einem Mann ohne Bart denkt sie sich nämlich wiederum:

»Was sollte ich mit dem anfangen?
Ihm meine Kleider anziehn
und ihn zum Kammermädchen machen?«

Die Geschmäcker sind nun mal verschieden, und so wird es immer Frauen geben, die einem lieber um den Bart gehen, und andere, die jeglicher Haarpracht – außer der eigenen – grundsätzlich ablehnend gegenüberstehen.

Bartträgern sei also geraten: Such dir eine Frau, die deines Bartes würdig ist!

Jede Generation trägt den Bart, den sie verdient

Chef-Evolutionstheoretiker Charles Darwin für seinen Teil war überzeugt, ein prächtiger Bart steigere die Chancen bei der Damenwelt – und trug darum selbst ein stattliches Exemplar.

Evolution ist aber mehr als nur das Überleben des stärksten Bartes: Wissenschaftler erklären die breite Vielfalt innerhalb einer Art damit, dass Alleinstellungsmerkmale attraktiv machen würden. Klugscheißer nennen das negative frequenzabhängige Selektion.

Auf den Bart bezogen heißt das, dass ein bärtiger Mann für die Damenwelt umso attraktiver wird, je weniger bärtige Konkurrenz sich um ihn herum befindet. Unter lauter Bärtigen hat dann der Glattrasierte den Exotenbonus. Das führt dazu, dass Moden, die ja bekanntlich immer wiederkehren, sich in Wellenbewegungen abspielen: Sobald ein bärtiger Mann für alle sichtbar Flirt-Erfolge feiert, werden andere ihm nacheifern. Trägt dann am Ende jeder einen Bart, wird die Exotik schwinden – und die ersten Mutigen fangen mit dem Rasieren an. Und dann wieder dasselbe in Rückwärts. Australische Forscher, die in Sachen Bartforschung besonders aktiv zu sein scheinen, sprechen vom »Bartgipfel« (»peak beard«). Zwischen solchen Spitzen liegt in etwa eine Generation, also 30 Jahre Abstand – allerdings werden diese Intervalle geringer, seit sich Trends im Internet immer schneller verbreiten.

Wie fragt man als Bartträger eine Frau
nach einem Rendezvous?

Hier ist der Ist-Zustand abgebildet. Es wird vermutet, dass außerdem zusätzlich noch die Wirtschaftslage Auswirkungen auf die Bartlänge haben kann: In Krisenzeiten sucht man vermehrt Halt im starken Männerbild – der Bart hat also gerade Konjunktur.

Natürlich wechselt von Zyklus zu Zyklus die Mode: Mal sind Schnurrbärte der letzte Schrei, mal sind es Kotelettenbärte, Dreitagebärte oder Vollbärte. Irgendein Bart ist also fast immer im Trend.

Statistisch gesehen, bevorzugen Frauen aktuell Männer mit Vollbart – aber nur in Maßen. Studien haben gezeigt, dass ein Zehntagebart-Träger bessere Chancen bei der Damenwelt hat als ein Bartloser, Männer mit schratigem Bart sind dann allerdings wieder weniger attraktiv. Dem Zehntagebart scheint die Gratwanderung zu gelingen: Er vermittelt Männlichkeit und Reife ohne die ausdrucksvolle Bedrohlichkeit des Vollbarts.

Die Rechnung »Je mehr Bart, desto attraktiver« stimmt so also nicht. Es kommt eben doch auf die Länge an.

Woran erkennst du, ob dein Bart zu lang ist?

Du trägst einen Vollbart? Lässige Wahl, Bruder. Aber Vorsicht – selbst der schönste Bart kann *zu* lang sein, wie ein Blick auf unsere **Bartraktivitätskurve** zeigt.

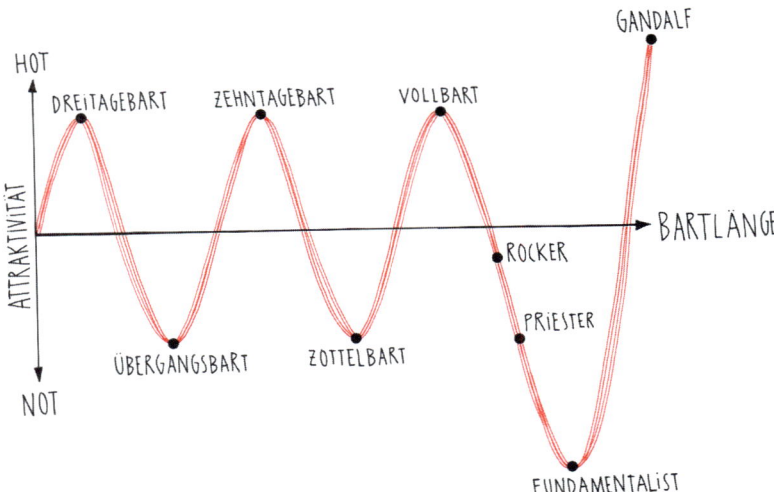

Wenn du Schwierigkeiten hast, dich auf dieser Graphik einzuordnen, können die folgenden Fragen weiterhelfen:

1. Du stolperst häufig, und siehst nie, worüber.
2. Fremde bewegen sich langsam rückwärts von dir fort, wenn sie dich erblicken.
3. Du kannst deinen Bart in mehr Formen schneiden als einen Buchsbaum in Versailles.
4. Du benützt deinen Bart als Spülbürste.
5. Nach dem Duschen hast du genug Flüssigkeit im Bart, um dein Motorrad zu waschen.

6. Andere fragen dich, wo du den tollen Mohair-Schal gekauft hast.
7. Bienen bauen ihre Nester unter deinem Kinn.
8. Kleine Kinder weinen, wenn du sie küsst.
9. Du kaufst deine Bartpflegeprodukte zum Kilopreis ein.
10. Dein Bart steigt zwei Sekunden vor dir in den Bus ein.
11. Du spielst in Rollenspielen immer den Zwerg.
12. Man kann nicht erkennen, wo dein Bart anfängt und du aufhörst.
13. Werbeagenturen bieten dir Geld dafür an, Plakate in deinem Bart zu plazieren.

Ein nicht zu verachtender Fakt für Bartträger auf Partnersuche: Bärtige Männer werden vor allem von anderen *Männern* eher respektiert, weil sie älter und gefährlicher erscheinen. Das haben Gegenüberstellungen mit Bartfotos von Probanden unterschiedlichster Kulturen ergeben. Selbst wenn frau dich mit Bart nicht hübscher findet, hast du als Bartträger also schon dadurch bessere Chancen, dass deine böse Ausstrahlung Nebenbuhler verjagt. Ist die Konkurrenz erst mal eingeschüchtert vom Platz geschlichen, hat die Gute ohnehin keine Wahl mehr.

Wissenschaftler sagen: Hier sticht die intrasexuelle die intersexuelle Selektion.

Die moderne Frau weiß zum Glück, dass hinter den meisten Schratfassaden trotzdem nette, freundliche Jungs stecken und der Bärenlook längst nichts mehr über das tatsächliche Gewaltpotenzial aussagt.

Was bleibt dem von Natur aus bartlosen Mann? Der Trend geht klar zur Barttransplantation. In nur wenigen Stunden kann man sich Haare vom Kopf oder von der Brust aufs Kinn pflanzen lassen. Dies hat allerdings seinen Preis: Amerikanische Schönheitschirurgen vermelden, dass für den Wunschvollbart bis zu 7000 Dollar investiert werden müssen. Die Nachfrage sei aber dennoch steigend.

Auch die Situation auf dem Heiratsmarkt kann übrigens das Rasurverhalten der Männer beeinflussen: Sind die Frauen knapp und ist die Konkurrenz groß, setzen Männer vermehrt auf Bart. In Phasen des Frauenüberschusses neigen mehr Männer zur Rasur, wohl um Frauen Sicherheit zu vermitteln.

Bros before hoes

Ein wahrer Bartträger opfert seinen Bart nie einer Frau! Dieser Männerkodex kennt viele Namen: *Dicks before chicks*, *Bruder vor Luder* oder *Kerle vor der Perle*. Grundsätzlich gilt:

Er, der seinen Bart für eine Frau opfert, verdient keins von beidem!

Niemand hat die Dreiecksbeziehung zwischen Mann, Bart und Frau schöner beschrieben als Poetry-Slammer und Bartträger aus Überzeugung Patrick Salmen.

Rostrotkupferbraunfastbronze

Liebe Sandra,
gestern hast du gesagt: »Also, ganz ehrlich, so ohne Bart, das
würde dir bestimmt auch gut stehen.« Betrachte dich mit
diesem Schreiben als offiziell verlassen. Meinen Bart, den
hatte ich schon als Kind. Das ist doch kein Hut. Den nehme
ich nicht ab, nur weil er mir nicht steht. Alles, was ich habe, ist
mein Bart. Ich brauche Zuflucht für meine nervösen Hände,
wenn ich rede und nicht rauchen darf. Ich brauche diesen
kleinen haarigen Wirbel am rechten Wangenknochen, in dem
sich meine Finger bei Bedarf verlieren können.
   Nun, sieh mich doch an! Ich bin weder muskulös noch
finanziell unabhängig. Was bleibt mir demnach übrig?
Das Verruchte. Die Verwegenheit. Aber eigentlich bin ich
gar nicht verwegen, sondern verlegen. Und schüchtern.
Ohne meinen Bart fühle ich mich nackt. Er ist eine Art
Mikrowellenabdeckhaube. Eigentlich braucht man die auch
nicht, aber sie vermittelt einem die Illusion von Schutz. Wenn
ich etwas erzähle, dabei nervös bin und zittere, dann kraule ich
ihn wie eine Katze. Das beruhigt. Er ist weich und flauschig.
Und verdammt, ich hasse diese Kinn- und Schnurrbärte, vor
allem aber diese ausgedünnten Schmalkoteletten. Was soll denn
der Unsinn? Ich hätte gerne eine Pizza Vier Jahreszeiten. Mit
viel Käse und Knoblauch. Aber bitte ausgestanzt. Geben Sie
mir nur den Rand. Der ist so köstlich. *Mein Bart ist Zuflucht.*
Exil vor Stress und Konfrontation. Ein Schutzpanzer um
meine Haut. Ich bin ein Schildkrötenmensch, und niemand
soll wissen, was unter dem Panzer geschieht. Und eins steht
fest: Er ist symbolische Metapher für alles. Im Sommer ist
er hellbraun, im Herbst bronze, im Winter wie Kupfer, und

im Frühling hat er die Farbe von Rost. Genau wie meine Stimmung. Aber eigentlich habe ich gar keine Stimmung. Und schon gar keine Gefühle. Alles, was ich in den ersten Zeilen gesagt habe, war eine Lüge. Bartträger haben keine Gefühle.

Ich trage meinen Bart nicht aus Eitelkeit. Na gut, früher schon. Ich trug meinen anfänglichen Flaum mit Stolz und Anmut und dachte, ich würde aussehen wie Kurt Cobain oder Johnny Depp. Zehn Jahre später teilte man mir mit, dass ich eher aussähe wie Al Borland aus Hör mal, wer da hämmert. Mehr so der Holzfällertyp, aber dafür sei ich eigentlich zu schmal und zu untrainiert. Mensch, ich würde ja gerne trainieren, aber dafür bin ich zu intelligent, schließlich kann ich schreiben. Aber für intelligent hält man mich ja auch nicht, schließlich ist mein Bart nicht schwarz oder grau meliert, sondern rostfarben. Wie bei einem waschechten Arbeiter. Er ist nur dann schwarz, wenn ich mir den Kohlenstaub im Gesicht verwische.

Und du sagst, er störe dich, mein Bart. Wenn wir uns küssen, dann kratze das so. Natürlich kratzt das. Das ist wie das Gleiten einer Plattennadel über Vinyl. Das kratzt auch und ist trotzdem schön. Ein zärtliches Kratzen. Ein rauhes, aber behutsames Schmiegen. Aber du bist anscheinend eher so der digitale Typ. So wie deine aalglatten Liebhaber. Die kannst du alle löschen. Aber mich kannst du nicht löschen. Mich kannst du nur wegschmeißen oder im Keller einlagern. Dann staube ich zwar voll und gerate in Vergessenheit, aber ich bleibe existent, denn ich bin analog. Und wenn ich Feuer mache, dann knistert es. Dann kannst du es hören und riechen, aber deine anderen Kerle, die drücken die Fernbedienung und dann verharrt ihr vor seinem hochauflösenden Kamindisplay. Nicht mit mir!

Und weißt du, was sich auf Bart reimt? Auf Bart!? Hart!!!

Harte Typen tragen Bärte. Und sonst reimt sich nichts auf Bart. Rein gar nichts. Vor allem nicht zart. Zart reimt sich auf glatt rasiert. Und glatt rasiert bin ich nicht. Und mein Humor schon gar nicht. Der ist stoppelig. Aber deiner ist so platt, den sieht man nicht. Und wenn sich mein T-Shirt eines Tages nach außen zu wölben beginnt und ich anfange, mollig zu wirken, dann nur, weil meine Brusthaare den Textilstoff nach außen drücken. Die brauchen Platz. Freiheit. Und ich bin ein freier Mensch, deswegen trage ich Bart.

Er hat nur Vorteile. Wenn mir im Winter kalt ist, dann reibe ich ihn mit Shampoo ein und nehme ein warmes Schaumbart. Aber eigentlich nehmen so Kerle wie ich keine Schaumbäder. Wir nehmen Stahlbäder. Im Hochofen. Verdammt, ich rasiere mich nicht! Nur die Konturen. Da bin ich eitel. Aber das mache ich nicht mit Schaum, sondern mit Schnaps, du Schlampe.

Du willst mich verändern, das merke ich doch. Rasieren!? Ich verlange von dir doch auch nicht, dass du dir die Brüste entfernen lässt. Die stören mich auch. Na und!? Ich liebe dich. Auch mit deinen Fehlern. Wenn ich mich rasieren würde, wäre ich nackt, und dann würde ich den Wind auf meinen Wangen spüren und anfangen, Gedichte zu schreiben. Kleine Poeme über das Leben und die Liebe. Aber das tue ich nicht! Ich hasse Poesie. Sie ist weich. Poesie ist für Frauen und Kinder. Solche, die zuerst gerettet werden, wenn das Schiff untergeht. Aber uns Männer braucht man nicht zu retten. Wir halten uns gegenseitig an unseren Bärten fest und singen Lieder von Manowar. Auf Russisch! Denn das ist eine harte Sprache. Ohne Vokale. Vokale sind schwul. Ameise, Kolibri, Papagei. Alles kleine fragile Tierchen. Aber ich bin ein Bär. Ein B und ein R. Und das in der Mitte, das ist kein Vokal, sondern ein Umlaut. Bären würden Papageien nämlich zerfetzen, wenn sie sich treffen würden. Deswegen sieht man sie auch so selten zusammen. Und deswegen sieht man uns auch nie wieder zusammen.

Sandra, glaub mir, Bärte sind ein Zeichen von Gutmütigkeit. Jesus, zum Beispiel. Und ich kann Jesus immer als Beispiel bringen, denn rede du jetzt mal schlecht über Jesus, dann bekommst du aber mächtigen Ärger. Dieser Jesus, er war ein herzensguter, bärtiger Zeitgenosse. Und man wird immer von ihm sprechen als dem guten alten Jesus. So wie vom guten alten Abraham oder dem guten alten Joe Cocker. Jetzt rate mal, wem dieser Jesus sein Augenlicht wiedergeschenkt hat. Dem ratzekahlen Pascal? Wohl kaum. Dem nacktrasierten Nathanael? Nein, sicher nicht. Sondern, wem wohl? Dem Bartimäus. Bartträger halten schließlich zusammen. Und wenn da mal einer etwas Mehl, fettarme Milch oder Augenlicht braucht, dann bekommt er das auch. Wäre der gute alte Herr Bartimäus aber rasiert gewesen, und das nehme ich angesichts seines Namens kaum an, dann hätte Jesus womöglich gesagt: »Oha. Sieh mal einer an. Sie haben aber schöne Wangenknochen. Möchten Sie mir etwa die Wange hinhalten, Sie kleiner Schlingel?« Dann hätte der Bartimäus weiterhin ganz schön drollig aus der Wäsche geguckt. Bartträger sind gute Menschen. Edel und weise.

Sandra, ich denke, ich habe dir genug gesagt. Du kannst mir alles nehmen. Meine Wohnung, meine Kinder, aber niemals meinen Bart. Das ist eine Lebenseinstellung. Eine Philosophie. Ein Körperteil. Bauch, Beine, Bart.

Auszug aus
Patrick Salmen: Ich habe eine Axt.
Urlaub in den Misantropen. Knaur 2014.

BART UND JOB

»Macht ist, wo die Bärte sind.«
(Molière)

Hartnäckig hält sich das Gerücht, mit der Höhe der Position auf der Karriereleiter müsse die Länge des Bartes abnehmen. In keinem weltweit agierenden Konzern und Großunternehmen soll es einen Chef mit Vollbart geben.

Dabei verdienen amerikanische Schnurrbartträger durchschnittlich 8,2 % mehr als Vollbartträger und immerhin 4,3 % mehr als die Fraktion der Glattrasierten. Aber leider nur zufolge einer Studie des wohl eher voreingenommenen *American Mustache Institute.*

Alle anderen assoziieren mit Bart Berufe im eher schlechter bezahlten handwerklichen Sektor: Holzfäller, Alm-Öhi, Cowboy. Die Wirklichkeit sieht vermutlich eher so aus:

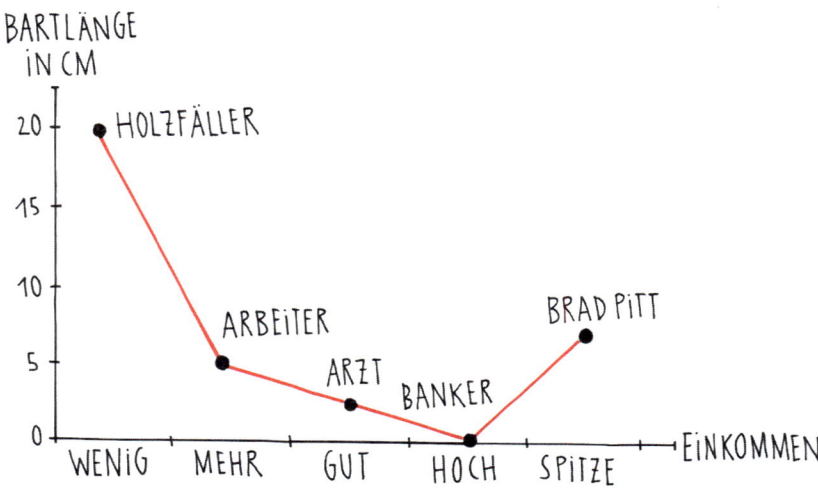

Besonders in Dienstleistungsberufen sind rasierte Männer gerne gesehen. Ein nacktes Gesicht soll hier wohl vor allem Sicherheit und Transparenz vermitteln. Es gilt die Faustregel: Wer einen Bart trägt, der hat etwas zu verstecken. Auch bei Piloten ist Gesichtsbehaarung oft nicht gern gesehen – allerdings rein aus Sicherheitsgründen: Vollbartträgern gelingt es weniger gut, eine Sauerstoffmaske dicht haltend auf der Haut zu tragen.

Wer das Pech hat, in einem dieser Sektoren angestellt zu sein, sollte dringend kündigen. Schließlich kann man sich immer noch eine erfolgreiche Laufbahn als Bauer oder Holzfäller oder in einer der vielen anderen Branchen aufbauen, wo der Bart den Respekt genießt, der ihm zusteht. Sogar in Disneyland ist seit wenigen Jahren für Angestellte Barttragen erlaubt.

Wenn es um die Jobsuche an sich geht, sind Bartträger klar im Vorteil. Einer Studie aus den Neunzigern zufolge sprachen sowohl männliche als auch weibliche Manager aus den USA Kandidaten mit Vollbart mehr Kompetenz zu als solchen mit Schnurrbart, am schlechtesten erging es den Glattrasierten. Attribute, die ausgehend von der Optik eingeschätzt werden sollten, waren zum Beispiel Reife, Attraktivität, Selbstvertrauen, Mut, Fleiß, Enthusiasmus und Intelligenz.

In manchen Berufen gilt das Tragen eines Bartes geradezu als Pflicht: Im indischen Bundesstaat Madhya Pradesh werden Polizisten dafür bezahlt, sich einen Schnurrbart wachsen zu lassen. Der Beschluss geht auf die Idee eines Polizeichefs zurück, der feststellte, dass bärtige Polizisten in der Bevölkerung eher auf Respekt und Anerkennung zählen können.

Allerdings wird darauf geachtet, dass die Schnurrbärte nicht ins Einschüchternde wuchern.

Auch in Deutschland hat der Wind sich gedreht: Bei Polizeivollzugsbeamten sind Haarerlassregelungen verfassungswidrig und daher nicht mehr existent.

In der Britischen Navy ist das Barttragen nicht komplett verboten – allerdings muss der potenzielle Bartträger einen Antrag einreichen, bei Genehmigung desselben ihm dann eine zweiwöchige Wachstumserlaubnis eingeräumt wird. Nach Ablauf dieser Frist entscheidet ein Vorgesetzter, ob der Bart respektabel aussieht und erlaubt werden kann – andernfalls muss er wieder ab.

Der Holzfäller

Echt kanadisch.

Der Alm-Öhi

Echt österreichisch.

Der Cowboy

Echt amerikanisch.

Der B'Art-Director

Keine Agentur ohne B'Art-Director.

Der Bartender
a.k.a. der Bar(t)keeper!

Kein Tresen ohne Bartender.

Der B'Artist

Beruf und Berufung sind manchmal schwer zu trennen.

B'ART

Ernst ist die Kunst, und heiter mit Bart.

(frei nach Kurt Schwitters)

Bart ist Kunst

Sie sind bereits die berühmtesten Kunstwerke der Welt. Aber trotzdem nicht perfekt. Denn gibt es irgendetwas, was ein schöner Bart nicht noch schöner machen könnte? Der Künstler Marcel Duchamp hatte die Idee schon 1919 und malte die Mona Lisa mit Bart.

Mona Lisa
Gemalt von Leonardo da Vinci
Fertiggestellt ca. zwischen
1502 und 1506

Wir finden: zu Recht! – Und haben es ihm nachgetan. Wer keine Augenbrauen hat, sollte wenigstens Vollbart tragen.

Auch anderen berühmten Damen stünde ein Bart gut zu Gesicht

Die Freiheitsstatue
Erbaut von Frédéric-Auguste Bartholdi
Eingeweiht 1886

Die Geburt der Venus
Gemalt von Sandro Botticelli
Fertiggestellt ca. 1485/86

Zwei Schwestern auf der Terrasse
Gemalt von Pierre-Auguste Renoir
Fertiggestellt 1881

Das Mädchen mit dem Perlenohrring
Gemalt von Jan Vermeer
Fertiggestellt ca. 1665

Ein Bart verändert alles ...

Welcher unbärtige Mann kennt das nicht? Die Verzweiflung über den Mangel an Gesichtsbehaarung. Dieser arme Mann im Gemälde von Edvard Munch zum Beispiel schreit beim Blick in den Spiegel über sein bartloses Elend.

Mit Bart? Keinerlei negative Emotionen mehr zu erkennen!

Der flüchtige Holländer

Vincent van Goghs »Selbstbildnis ohne Bart« ist zwar von großem Wert, aber dennoch umstritten. Hat er mit der Rasur eine gute Entscheidung getroffen, oder stand er bereits unter Absinth-Einfluss? Da der Künstler im Laufe seines Lebens einige dieser Selbstporträts anfertigte, kommen wir hier in den Genuss des direkten Vergleichs und erkennen:

Das Bild eines bartlosen Holländers: über 70 Millionen Dollar.

Männlichkeit? Unbezahlbar.

Bevor van Gogh sich das letzte Mal selbst zeichnete, rasierte er sich – angeblich um jünger und vitaler auszusehen. Zu diesem Zeitpunkt war er allerdings offensichtlich bereits weitgehend dem Wahnsinn verfallen.

B'Artastisch!

Was für die Kunst gilt, gilt also offensichtlich auch für den Künstler. Das wohl berühmteste Beispiel: the B'Artist, Surrealist Salvador Dalí.

Dalí war der Meinung, ohne Schnurrbart sei ein Mann nicht richtig angezogen. Richtig. Zur Überprüfung seiner Aussage haben wir Dalí einem Bart-ab-Test unterzogen. Das Ergebnis: Anstatt exzentrisch und faszinierend wirkt sein irrer Blick beängstigend und verrückt. Die Antwort auf die Frage »Ist das Kunst oder kann das ab?« ist hier also eindeutig: Wer als Künstler ernst genommen und nicht aus Versehen eingewiesen werden möchte, hält an seinem Bart fest. Für den perfekten Dalí-Look sei ambitionierten Nachmachern noch ein Ozelot an der Leine empfohlen.

Ceci n'est pas

une barbe.

SAMMELSURIUM

Die Vielfalt des Barts kennt keine Grenzen.

Die verrücktesten Phänomene, spannendsten Fakten und
buntesten Sprüche rund ums Thema Bart

Movember

Schon mal bemerkt, dass im November überdurchschnittlich viele Männer mit Schnurrbärten unterwegs sind? Der Moustache (auch genannt: »Mo« oder »Stache«) ist das Symbol einer Initiative, die gegen Prostata- und Hodenkrebs mobil macht. Teilnehmer haben einen Monat Zeit, sich für den »Movember« einen Schnurrbart wachsen zu lassen, um damit Spenden für Forschungsprojekte zu sammeln und die Öffentlichkeit für Männergesundheitsthemen zu sensibilisieren. Angezettelt hat die Bewegung eine unabhängige Stiftung aus Melbourne, Australien, die inzwischen weltweit agiert. Ihr Motto:

> *»We are generation moustache.*
> *Sign up and fight the good fight.«*

Um mitzumachen und ein »Mo Bro« zu werden, musst du folgende fünf Regeln beachten:

1. Rasiere dich am 1. November komplett und lass dir dann einen Schnurrbart sprießen.
2. Erzähle fünf guten Freunden davon.
3. Erkläre jedem, der dich auf den Schnurrbart anspricht, worum es beim Movember geht.
4. Sammle Spenden auf www.movember.com.
5. Gehe zu den offiziellen »Mo Gala Partés« (Partys, auf denen für Movember gesammelt wird).

Mädels, die über zu wenig Veranlagung zum Damen(schnurr)-bart verfügen, können einfach die Werbetrommel für die Initiative rühren und Spenden sammeln und werden so zur »Mo Sista«.

Schätzungen der Stiftung zufolge haben seit 2003 bereits über drei Millionen Menschen diese als Mo Bros & Sistas unterstützt. Also: Das »M« von »Movember« steht für Mitmachen, um der Gesundheit von Männern ein Gesicht zu geben. Und jedes Schnurrbartlächeln ist ein schönes Lächeln.

Lass dir den Novembart stehen!

Wenn zu anderen Jahreszeiten auffällig viele Frauen mit Schnurrbart unterwegs sind, ist wahrscheinlich *Equal Pay Day*. In vielen Ländern finden an unterschiedlichen Tagen Aktionen statt, die die Gehaltskluft zwischen den Geschlechtern beklagen. Hinter dem Bart-Einsatz steht die Frage: Muss man Bart tragen, um ein faires Gehalt zu verdienen?

Der längste Bart der Welt

Den längsten Bart eines lebenden Mannes trägt der Kanadier Sarwan Singh mit 2,37 m. Das ist allerdings der reinste Dreitagebart im Vergleich zum Rekordhalter Hans N. Langseth aus Norwegen: Sein Bart maß bei seinem Ableben im Jahr 1927 stolze 5,33 m. 1967 wurde das gute Stück dem Smithsonian Institute in Washington vermacht.

Verrückt nach Schnurrbart

Der längste Schnurrbart der Welt schmückt den Inder Ram Singh Chauhan, der sich seit über 30 Jahren nicht rasiert hat: 4,29 m maß der Meister-Moustache bei der Messung durchs Guinness-Buch der Rekorde 2010.

Der längste Bart einer Frau

Der Bart von Vivian Wheelers war bei der Messung durchs Guinness-Team 2011 von der Wurzel bis zur Haarspitze 25,5 cm lang.

Die Amerikanerin kam mit der Genmutation Hypertrichose zur Welt, im Volksmund bekannt als das Werwolf-Syndrom. Bereits mit sieben Jahren fing sie an, sich zu rasieren – später ließ sie ihren Bart dann wachsen. Nicht nur aus der Liebe zum Gesichtshaar: Unter dem Namen Melinda Maxie verdiente Wheelers jahrelang ihren Lebensunterhalt damit, als bärtige Dame durch die Staaten zu tingeln.

Wer es haargenau wissen will …

Die Bartsekunde

Die Bartsekunde ist ein Längenmaß, das anzeigt, wie viel ein durchschnittlicher Bart pro Sekunde wächst. Das sind nach Kemp Bennet Kolb circa zehn Nanometer, laut Google Calculator allerdings fünf.

Pogonologie

Dies ist die Lehre vom Bart. Pogonologen sind zum Beispiel in Kosmetikunternehmen oder bei Herstellern von Rasurzubehör tätig.

Pogonophobie

Dies bezeichnet die Angst vor Bärten. Sie kann sich in klassischen Angstsymptomen wie Kurzatmigkeit, Herzklopfen, Schwitzen und Übelkeit ausdrücken.

Pogonophilie

Dies bezeichnet im Gegenzug die Vergötterung von Bärten. Die klassischen Symptome ähneln denen der Pogonophobie: Kurzatmigkeit, Herzklopfen, Schwitzen, Schwindel und Orientierungslosigkeit.

Strafrasur

In einigen Ländern war das Abschneiden des Bartes eine beliebte Strafe, zum Beispiel für Ehebruch. Bärte waren so wertvoll, dass verzweifelte Männer sie auch als Sicherheit einsetzten, wenn sie sich Geld leihen mussten.

Lettisches Sprichwort
»Ein Mann ohne Bart ist wie ein Brot ohne Kruste.«

Welttag des Bartes
Jeden ersten Samstag im September findet der Welttag des Bartes statt, der angeblich auf einen Feiertag von dänischen Wikingern zurückgeht.

Ohne-Bart-Tag
Am 18. Oktober hingegen ist angeblich der Ohne-Bart-Tag. Aber keiner weiß, woher das kommt. Also gibt es ihn auch nicht richtig.

Preisbart
Orchidee des Jahres 2014:
Der blattlose Widerbart

Gamsbart
Der Gamsbart ist ein traditioneller Hutschmuck in Bayern und Österreich, der aus dem Rückenfell von Gamsböcken besteht.

Der Schlüsselbart
Den unteren Teil eines Schlüssels, der zum Zu- und Aufschließen ins Schloss geschoben wird, nennt man Schlüsselbart. Ein Bart kann also nicht nur Herzen, sondern auch Türen öffnen.

Bart als Tarnung
In den USA bezeichnet man Alibi-Frauen homosexueller Promis als Bärte (»Beards«), weil sie denselben Zweck wie ein Bart erfüllen: als Männlichkeitsverstärker.

Hirsutismus

Wenn Frauen das gleiche Haarwachsmuster haben wie Männer, nennt man das Hirsutismus. Die Körperbehaarung tritt dann ähnlich auf wie beim Mann, zum Beispiel an den Schläfen, auf der Oberlippe, der Brust – und eben auch am Kinn. Hirsutismus kann seine Ursache in der Veranlagung haben, aber auch krankheitsbedingt oder nach Einnahme bestimmter Medikamente auftreten.

Werwolf-Syndrom

Die Hypertrichose, auch Werwolf-Syndrom genannt, kann bei Männern und Frauen vorkommen. Jeder menschliche Fötus ist zu einem bestimmten Zeitpunkt zum Schutz komplett mit dem sogenannten Lanugohaar bedeckt. Bei Menschen mit dem Werwolf-Syndrom hört dieses Haar auch nach der Geburt nicht auf zu wachsen.

Wilgefortis

Die Tochter eines heidnischen portugiesischen Königs und einer strenggläubigen Christin gilt nach einer Legende aus dem 15. Jahrhundert als die erste Vertreterin von Hirsutismus. Als sie mit einem Ungläubigen verheiratet werden sollte, betete sie zu Gott, sie vor diesem Schicksal zu erretten. Und Gott schenkte ihr einen Bart. Zwar rettete er sie damit vor der Ehe – leider ließ ihr Vater sie dafür aber ans Kreuz schlagen. Wilgefortis wurde damit zur Schutzpatronin aller unglücklich verheirateten Frauen.

Liebe geht durch den Bart

Es gibt keinen treueren Mann als den Bart: Dem Shah Jahan von Indien, Erbauer des Taj Mahal, soll aus Trauer über den Tod seiner geliebten Frau über Nacht der Bart komplett ergraut sein.

Die Top 10 der kuriosesten Friseursalon-Namen

1. Haar(t) am Limit
2. Kaiserschnitt
3. HairGott
4. Cre-Hair-tive
5. Vier Haareszeiten
6. Haar-Zwei-Ooh
7. Haarmonie
8. HairCooles
9. Haarakiri
10. Hairicane

Bärtige Schicksale

VERFOLGT FÜRS TRAGEN DES BARTS

JOSEPH PALMER
(1791–1874)

Der Amerikaner Joseph Palmer war ein Mann von Prinzipien. Für sein Recht, Bart zu tragen, ging er sogar ins Gefängnis. Als einziger Vollbartträger seiner Gemeinde Leominster, Massachusetts, galt Palmer als Exzentriker. Die ständigen Beschimpfungen fanden 1830 ihren Höhepunkt in einer heimtückischen Attacke von vier Männern, die versuchten, ihn zwangszurasieren. Palmer gelang es, den Angriff mit Hilfe eines Messers abzuwehren. Dafür wurde er festgenommen. Nach über einem Jahr im Gefängnis (wo er weitere Rasurversuche abwehrte) hatte der Fall so viel überregionale Aufmerksamkeit erhalten, dass die Geschichte der zuständigen Behörde so peinlich war, dass man beschloss, Palmer nach Hause zu schicken. Allerdings weigerte er sich, das Gefängnis zu verlassen, bis man ihm eine offizielle Erlaubnis zum Tragen seines Bartes ausspräche.

Hanns Steininger
(† 1567)

Ein langer Bart sei nur jenem empfohlen, der damit umzuge-
hen weiß. Einen Österreicher namens Hanns Steininger soll
der seine das Leben gekostet haben: Normalerweise verstaute
der Braunauer Ratsherr und Stadthauptmann das gute Stück
in einem Lederbeutel. Als in der Stadt ein Feuer ausbrach,
soll er es vergessen haben und – so geht die Sage – auf der
Flucht darübergestürzt sein, wobei er sich das Genick brach.
Der Bart kann noch heute im Herzogsburger Bezirksmuseum
bewundert werden.

Der Bart trinkt mit

Für Bartträger kann Biertrinken übrigens ein teurer Spaß werden: Der britische Forscher Dr. Robin Dover geht davon aus, dass pro Schluck 0,56 Milliliter im Schnurrbart landen. Geht man davon aus, dass man einen Liter in 20 Schlucken trinkt, können je nach Dichte des Barts über 10 Milliliter pro Maßkrug im Bart landen – gut ein Prozent. Klingt wenig?

Wären alle Besucher des Oktoberfests Schnurrbartträger, käme man bei einer ausgeschenkten Menge von sieben Millionen Maß Bier auf einen Verlust von über 80 000 Litern – bei einem Preis von knapp 10 Euro pro Maß ein teurer Spaß!

Dieses Problem könnte man lösen, indem man sich eines Kniffs aus dem 19. Jahrhundert bediente.

Man bringe mir meine Bart-Tasse!

In der zweiten Hälfte des 19. Jahrhunderts waren Bart-Tassen im englischen, französischen, deutschen und nordamerikanischen Raum verbreitet. An der Trinkstelle verfügen sie über einen Steg, der den Schnauzbart vor Flüssigkeit schützt.

Bärte sind in aller Munde

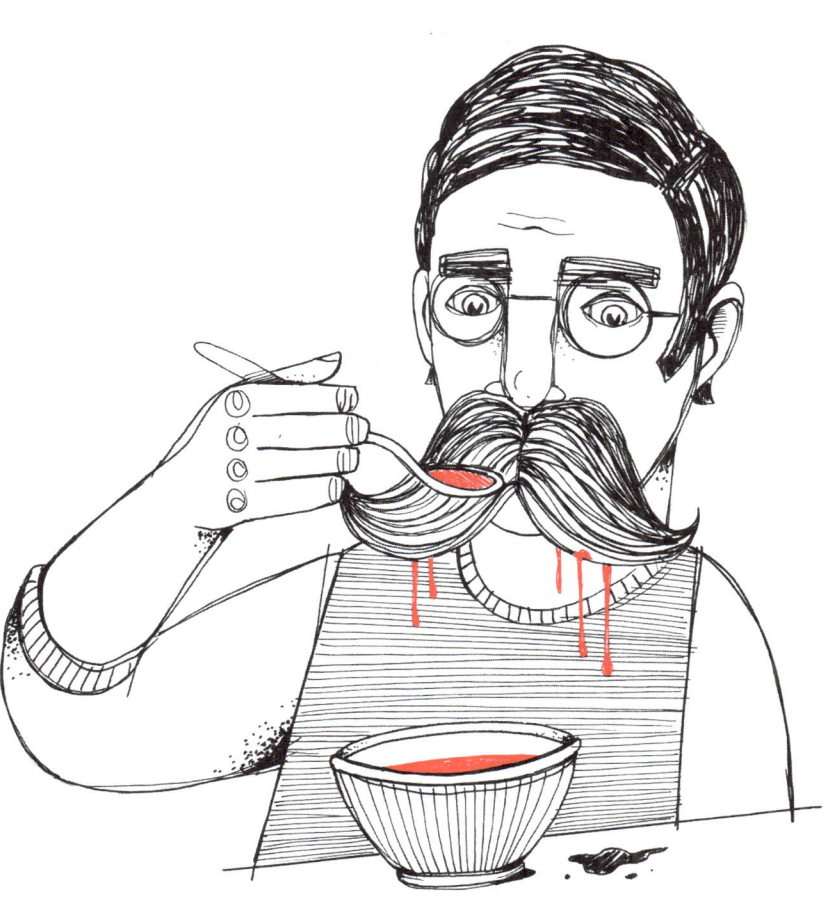

Der Bart kann auch als Diäthilfe dienen.

Die zweiten Top 10 der kuriosesten Friseursalon-Namen

Na gut, wir kriegen auch nicht genug von verrückten Friseursalon-Namen. Hier kommt die zweite Ladung:

1. Bel Hair
2. Schnittstelle
3. Fön-x
4. Vorhair – Nachhair
5. Kamm in and find out
6. Haar-Shop(f)
7. ChicSaal
8. Hairreinspaziert!
9. Coiffeurteria
10. Schnittchen

Das magische Dreieck

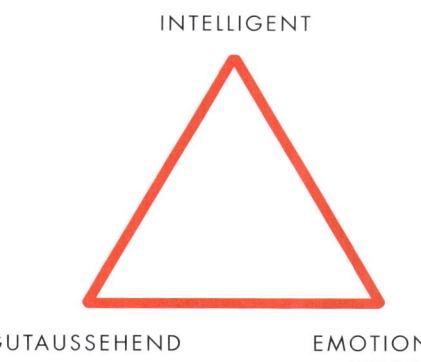

NICHT-BARTTRÄGER
Wähle zwei!

INTELLIGENT

GUTAUSSEHEND   EMOTIONAL
                   STABIL

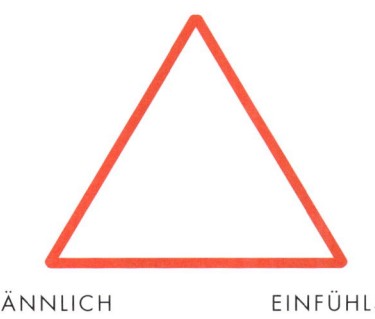

BARTTRÄGER
Bekomme drei!

AUSGEGLICHEN

MÄNNLICH   EINFÜHLSAM

Da ist Musik drin!

Auch Musiker haben sich von Bärten inspirieren lassen – oder ihnen zuweilen sogar ihre Kunst ganz gewidmet.

Hier kommen die Top Ten der schönsten Oden an den Bart:

1. Wilco: *Bob Dylan's 49th Beard* (2002)

2. Frank Zappa: *Smell My Beard* (1974)

3. Schobert & Black: *Der Bart* (1973)

4. MC Fitti: *Fitti mit'm Bart* (2013)

5. Mad Caddies: *Weird Beard* (2010)

6. The Beards: *If Your Dad Doesn't Have a Beard, You've Got Two Mums* (2010)

7. The Dodos: *Beards* (2014)

8. Band of Horses: *Blue Beard* (2010)

9. Psychostick: *Obey the Beard* (2013)

10. Die Ärzte: *Dreitagebart* (1996)

Die Mitglieder des Rocktrios »ZZ Top« sind für ihre Bärte berühmt. Zwei von ihnen tragen Vollbart, der Dritte trägt »nur« einen Schnurrbart. Sein Name? Frank Beard.

Die australische Band »The Beards«, gegründet 2005, veröffentlicht ausschließlich Songs, die das Wort »Bart« im Namen tragen. Die drei Alben: »Beards« (2007), »Beards, Beards, Beards« (2009) und »Having a Beard is the New Not Having a Beard« (2012).

Den Kultbart schlechthin in der deutschen Musikszene trägt MC Fitti. Seine Markenzeichen Vollbart, Basecap und Sonnenbrille machten den Gute-Laune-Rapper zum Internet-Star – der Videoclip zu seinem Track »30 Grad« wurde auf YouTube schon fast fünf Millionen Mal angesehen. Fans auf seinen Konzerten tragen selbst Bart, kleben sich einen an oder tragen gleich komplette MC-Fitti-Masken – inklusive Vollbart natürlich.

Alles Käse außer Wurst!

Conchita Wurst
Gewinnerin des Eurovision Song Contest 2014

Auch bei den Musikern selbst geht der Trend in Richtung Bart: Während in zum Glück vergangenen Zeiten häufig glatte Gesichter mit gepuderter Perücke kombiniert wurden, gewinnt man heute mit Bart zum Abendkleid sogar den Eurovision Song Contest.

Es gilt also:

Wo Bärte sind, da lass dich ruhig nieder – bärtige Menschen haben schöne Lieder!

Jemandem etwas durch den Bart sagen

Manchmal sollte man lieber Briefe schreiben.

Jemandem Honig um den Bart schmieren

Diese Redensart stammt aus dem Mittelalter und versinnbild-licht das Bestreben, jemandem zu schmeicheln und ihn für sich zu gewinnen. Der Ursprung liegt wohl bei einer Metho-de, um Bären zu dressieren, indem man sie mit Honig für aus-geführte Befehle belohnt.

Nur im übertragenen Sinn zu empfehlen!

Ein Bart in der Menge

Fällt auf.

Ein Bär-Tiger Kerl

Diese Witze haben einen Bart

Was ist haarig und wird
in der Pfanne frittiert?
– Bartkartoffeln.

Was haben ein
frommer Jude und ein
alter Witz gemeinsam?
Sie haben beide einen
Bart.

Ein Schotte fährt drei Jahre ins Ausland.
Als er wiederkommt, spricht ihn
eine bärtige Frau an. »Erkennst du mich
nicht?«
»Wieso hast du denn einen Bart?«
»Schatz, du hast doch
damals den Rasierer mitgenommen.«

In der Regel
trugen Wikinger
rote Bärte.

Eine Krankenschwester
kommt zum Chefarzt
gelaufen.
»Herr Doktor, der Simulant
von Zimmer 131 ist heute Nacht
gestorben.«
Der Chefarzt nuschelt genervt in
seinen Bart:
»Jetzt hat der Kerl es aber
wirklich übertrieben.«

Männer weinen nicht.
Sie gießen ihre Bärte.

Abrasiert

Rasieren sagt eine Menge über
einen Mann aus.
Zum Beispiel, dass er keiner ist.

Ein Bart ist kein Hobby

Oh, du rasierst dich jetzt. Vielleicht solltest du als Nächstes mit Stricken anfangen.

Alte Weisheit

Es gibt einen Namen
für Männer ohne Bart.
Frauen.

165

Ein Bart sagt mehr als hundert Worte

kratzig + piksig +
kantig + hart + markant
+ derb + filzig + pelzig
+ männlich + ungepflegt +
natürlich + wild + rebellisch +
verwegen + abenteuerlich + stoppelig
+ ausgewachsen + herrschaftlich +
formvollendet + flaumig + modern + stylisch
+ wächsern + weise + nervig + hinderlich
+ eigenbrötlerisch + angsteinflößend + schön +
einfach + prachtvoll + schratig + imposant + episch
+ mutig + verschlossen + kraus + tierisch + ausdrucksstark
+ zottelig + geschmeidig + fransig + undenkbar + figürlich
+ undankbar + hölzern + kühn + draufgängerisch +
kämpferisch + heldenhaft + rauh + grob + borstig +
stachelig +

welterfahren
+ zeitgemäß +
animalisch + unüblich
+ furchtlos + schroff + hip
+ struppig + unerhört + echt
+ urwüchsig + monumental +
betrügerisch + aufwieglerisch +
ungekämmt + unnachahmlich + cool
+ experimentierfreudig + unhygienisch +
kitzelnd + revolutionär + repräsentabel + fies +
fleckig + scheckig + sexy + unangenehm + zünftig
+ lässig + angesagt + nützlich + fusselig + prominent +
exzentrisch + autoritär + bedeutend + buschig + religiös
+ reizend + krisenresistent + resilient + legendär
+ dinghaft + warm + dekorativ + stattlich +
respektabel

Tierische Vorbilder

Bärte tragen nicht nur gerne Tiernamen – man denke an den Schnauzer oder an den Ziegenbart –, auch Tiere tragen gerne Bart. Manche in Form prominenter Gesichtsbehaarung, manche täuschen ihn durch eine auffällige Musterung auch einfach nur an.

Hähne haben zusätzlich zum Bart sogar noch den passenden Kamm dabei.

Auch in der Tierwelt dient der Bart als Männlichkeitsverstärker. Den Ziegenböcken ist ihr Kinnhaar allein allerdings nicht genug: Sie urinieren zusätzlich noch gerne darauf, um ihrem Bocksgeruch eine noch auffälligere Note zu verleihen, die die Geißen schwach machen soll.

Inkaseeschwalbe

Legt wert auf gepflegtes Aussehen:
Die Inkaseeschwalbe geht nie ohne
ihren pomadierten Schnurri aus dem
Nest, wenn sie zu Dinnerpartys an
der südamerikanischen Pazifikküs-
te eingeladen ist.

Kaiserschnurrbarttamarin

»Mein Kurs ist der richtige, und
er wird weiter gesteuert.«
Diese Äffchen sind nach Kaiser
Wilhelm II. benannt und stam-
men aus Südamerika.

Walross

Diese Tiere zählen zu den Rob-
ben und leben in den Meeren der
Nordhalbkugel. Feinde schrecken
sie mit ihren Stoßzähnen und dem
schratigen Oliba ab.

Animal bearding

Der Trend aus dem Internet: Animal Bearding! Die Lösung für alle, die selbst keinen Bart haben, dafür aber ein Haustier. Zum Streicheln schön!

BASTEL DIR 'NEN BART

Ein Mann ohne Bart ist wie Suppe ohne Salz.

Ein Bart für alle Fälle

Du bist überzeugt, ein Bart sei das Beste, was einem passieren kann – nur wächst dir leider keiner? Rettung naht!

1. Kopiere die Bartvorlage je nach Gesichtsgröße auf ca. 140 %, klebe sie auf Karton und schneide sie entlang der gestrichelten Linie aus.
2. Entscheide dich je nach Gelegenheit für den hippen Schnurrbart, den universell tauglichen Vollbart oder bei ganz besonderen Anlässen für die »Conchita« oder den weihnachtlichen Rauschebart und binde dir das Schmuckstück um.
3. Et voilà – gerettet! Du siehst einfach saumäßig lässig aus.

Für deine nächste Berlin-Reise: der Hipster-Stache.

Ein Bart für alle Fälle: der Vollbart

Conchita Wurst: ein Bart für Europa

(Dieser Bart entfaltet seine volle Wirkung in Kombination mit langen Haaren und Abendrobe)

O du fröhlicher, o du seliger,
gnadenbringender Weihnachtsbart!

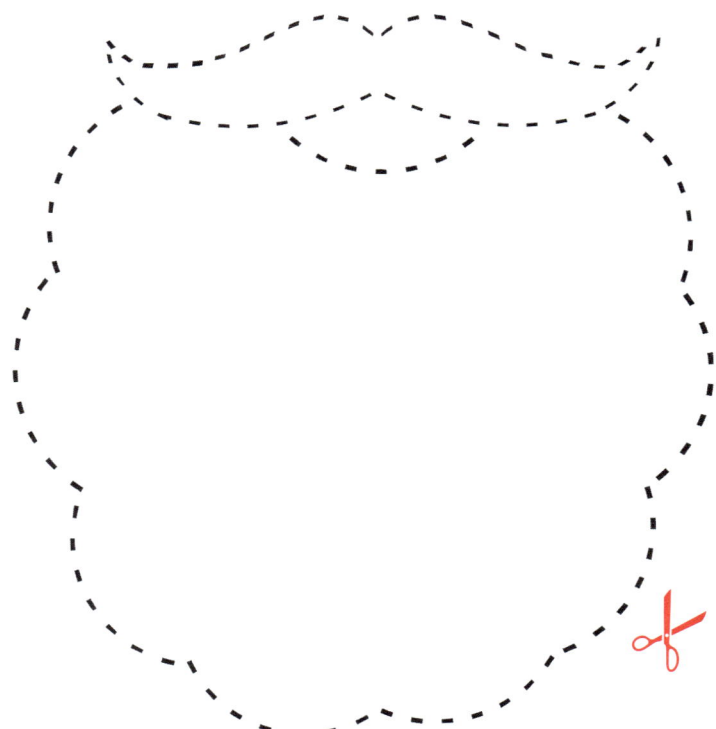

Danksagung

Ein Leben ohne Bart ist möglich, aber sinnlos.

Vielen Dank an alle,
die uns bei diesem Buch unterstützt haben.

Bildnachweis

S. 13 Shutterstock (im Folgenden »Sh« genannt)/Kichigin , S. 14 Sh/
musicman, S.16 Computerkartographie Carrle, S. 24 Sh/Kovalchuk
Oleksandr , S. 26 o. li. picture alliance (im Folgenden »pa« genannt/
Heritage Images, S. 26 o. re. Sh/Oleg Golovnev, S. 26 u. pa/Heritage
Images, S. 27 o. li. pa/Heritage Images, S. 27 o. re. pa/dpa, S. 27 u.
pa/dpa, S.28 o. li. Sh/Nicku, S. 28 o. re. Sh/artnana , S. 28 u. li. pa/
dpa, S. 28 u. re. pa/dpa, S. 37 li. Sh/Ververidis Vasilis , S. 37 Mi. Sh/
Ververidis Vasilis , S. 37 re. pa/CPA Media Co., S. 38 pa/Heritage
Images, S. 39 pa/Heritage Images, S. 40 pa/Heritage Images, S. 41
pa/dpa, S. 42 Sh/Twin Design , S. 43 pa/CPA Media Co., S. 44 Getty
Images/George Stroud, S. 45 o. pa/pa, S. 45 u. pa/pa, S. 46 o. Sh/
Everett Collection , S. 46 u. Sh/Featureflash , S. 47 pa/pa, S. 48 pa/
Mary Evans Pi, S. 49 Sh/Everett Collection , S.52 o. AKG-Images/
Album, S. 54 u. pa/dpa, S. 55 Mauritius/United Archives, S. 56 o.
li. Sh/Stocksnapper , S. 56 o. re. pa/CPA Media Co., S. 56 u. li. Pa/
Keystone, S. 56 u. re. pa/CPA Media Co., S. 57 o. li.pa/Heritage
Images, S. 57 o. re. pa/dpa, S. 57 u. li. pa/newscom/Pi, S. 57 u. re.
pa/IMAGNO/Archiv, S. 69 Sh/ONiONAstudio , S. 75 o. Jürgen
Burkhardt, S. 75 u. Jürgen Burkhardt, S. 76 o. Jürgen Burkhardt,
S. 76 u. Jürgen Burkhardt, S. 86 o. li.Sh/Kuzma, S. 86 u. li. pa/dpa/
dpaweb, S. 86 o. re. Sh/leungchopan , S. 86 u. re. Sh/Kiselev Andrey
Valerevich , S. 98 Sh/Mahony, S. 107 iStock/Grafissimo, S. 130 Sh/
Oleg Golovnev, S. 130 o. pa/akg-images, S. 131 o. Sh/UbjsP , S. 131
u. pa/Luisa Ricciar, S. 132 u. pa/CPA Media Co., S. 133 o. pa/Heri-
tage Images, S. 133 u. pa/Heritage Images, S. 134 li. action press/Rex
Features, S. 134 re. pa/dpa, S. 135pa/akg-images, S. 140 Sh/Lorand
Okos, S. 142 NDSU archives, S. 143 pa/dpa, S. 147 Sh/Everett Collection, S. 149 Wikipedia/M.M., S. 150 Interfoto/Hermann Histori-
ca GmbH, S. 152 Sh/Everett Collection, S. 156 Sh/Jaguar PS, S. 162
iStock/123foto, S. 163 Sh/Donna Beeler , S. 164 Sh/oneword , S. 165
Sh/Jeanne McRight , S. 168 o. Sh/panda3800, S.168 u. Sh/Dudarev
Mikhail, S. 169 o. Sh/A.von Dueren, S. 169 Mi. Sh/gradi1975, S. 169
u. Sh/SasinT, S. 170 o. Archiv Kohl, S. 170 u. AK